DIGITALE
BILDKULTUREN

Wolfgang Ullrich

SELFIES

Die Rückkehr des
öffentlichen Lebens

Verlag Klaus Wagenbach Berlin

DIGITALE BILDKULTUREN

Durch die Digitalisierung haben Bilder einen enormen Bedeutungszuwachs erfahren. Dass sie sich einfacher und variabler denn je herstellen und so schnell wie nie verbreiten und teilen lassen, führt nicht nur zur vielbeschworenen »Bilderflut«, sondern verleiht Bildern auch zusätzliche Funktionen. Erstmals können sich Menschen mit Bildern genauso selbstverständlich austauschen wie mit gesprochener oder geschriebener Sprache. Der schon vor Jahren proklamierte »Iconic Turn« ist Realität geworden.

Die Reihe DIGITALE BILDKULTUREN widmet sich den wichtigsten neuen Formen und Verwendungsweisen von Bildern und ordnet sie kulturgeschichtlich ein. Selfies, Meme, Fake-Bilder oder Bildproteste haben Vorläufer in der analogen Welt. Doch konnten sie nur aus der Logik und Infrastruktur der digitalen Medien heraus entstehen. Nun geht es darum, Kriterien für den Umgang mit diesen Bildphänomenen zu finden und ästhetische, kulturelle sowie soziopolitische Zusammenhänge herzustellen.

Die Bände der Reihe werden ergänzt durch die Website *www.digitale-bildkulturen.de*. Dort wird weiterführendes und jeweils aktualisiertes Material zu den einzelnen Bildphänomenen gesammelt und ein Glossar zu den Schlüsselbegriffen der DIGITALEN BILDKULTUREN bereitgestellt.

Herausgegeben von
Annekathrin Kohout und Wolfgang Ullrich

01

Wer ein Selfie macht, macht sich selbst zum Bild. Das ist etwas anderes, als nur ein Bild von sich selbst – ein Selbstporträt – zu machen. Ein Selfie zu machen heißt, ein Bild von sich zu machen, auf dem man sich selbst zum Bild gemacht hat. Ein Selfie ist also eigentlich ein Bild von einem Bild. Eine solche Beschreibung klingt paradox und spitzfindig; sie erweckt den Eindruck, die Analyse von Selfies sei höchst anspruchsvoll. Das aber widerspricht der üblichen Einschätzung von Selfies. Vielen erscheinen sie nämlich als besonders trivial; sie werden oft als etwas Defizitäres, sogar als dekadent beschrieben.

02

Der häufigste Vorwurf gegen Selfies lautet, sie seien schrille Symptome eines narzisstischen Zeitalters. Für den Autor und Journalisten Will Storr zeugt es von Selbstverliebtheit, dass die Smartphone-Technik so oft für Selfies genutzt wird – entsprechend nennt er ein Buch, in dem er der heutigen Mentalität in westlichen Ländern nachgeht, *Selfie*.[1] Immer wieder werden Studien vorgelegt, die beweisen wollen, »dass jene, die häufig inszenierte Selbstportraits in sozialen Netzwerken verbreiten, eher Narzissten sind, als Menschen, die sich damit zurückhalten«.[2] Manchen Studien zufolge gilt dies nur für Männer.[3] Oder man beweist (sogar in derselben Fachzeitschrift) das Gegenteil: Vor allem Frauen mit narzisstischen Eigenschaften wie Dominanzstreben und Gefallsucht hätten einen ausgeprägten Drang zu Selfies.[4] Oder es wird entdeckt, dass Selfies nicht nur von Narzissmus zeugen, sondern diesen noch weiter steigern.[5] Insgesamt gibt es kaum eine Publikation über Selfies, die ohne das Schlagwort ›Narzissmus‹ auskommt.[6]

Gerne wird auch unterstellt, der Narzissmus lasse bei immer mehr Menschen, die von ihrer Selfie-Sucht getrieben seien, das Bewusstsein für gefährliche Situationen schwinden. Geschichten über Selfie-Unfälle gehören zu den Topoi der Gegenwart; standardmäßig finden sich in der Boulevard-Presse und auf Online-Portalen Schlagzeilen wie diese: »Selfie-Irrsinn: Chinesin posiert zu nah am Gleis – tot!«;[7] »Hübsche Blondine will Selfie machen und stürzt in den Tod.«[8] Es wird sogar suggeriert, der Selfie-Tod gehöre mittlerweile zu den statistisch relevanten Todesarten: »Dieses Jahr schon 73 tödliche Selfie-Unfälle.«[9] Und die englischsprachige Version von *Wikipedia* listet in einem eigenen Artikel alle im Zusammenhang mit Selfies gemeldeten Unglücks- und Todesfälle auf.[10]

Fast immer bleibt es aber bei einer kurzen Meldung. Offenbar genügt es, ›Selfie‹ und ›Tod‹ in einen kausalen Zusammenhang zu bringen: Als sei der Tod die gerechte Strafe, zumindest aber das unvermeidliche Risiko, das Menschen eingehen, die Selfies machen. Damit hat das christliche Dogma der Todsünden eine weltliche Nachfolge gefunden: Der mit Selfies ausgelebte Narzissmus gilt heute als todeswürdig, so wie ehedem ›superbia‹ – Hochmut, Stolz, Eitelkeit. Die US-amerikanische Rundfunkredakteurin und (katholische) Lebensberaterin Teresa Tomeo warnt davor, dass der Selfie-Kult Beziehungen und Freundschaften ruiniere, das Familienleben (zer)störe, die Menschen besinnungslos mache und sie von Gott entfremde. Ein ganzes Buch widmet sie den »Lastern«, die durch Selfies entstünden, und gibt Ratschläge, was sich zu ihrer Vermeidung tun lasse.[11]

Die heftige Kritik an Selfies unterscheidet diese von anderen Bildgattungen, gerade auch von Selbstporträts. Zwar mochte es in der Kunstgeschichte vereinzelt Künstler gegeben haben, die Argwohn auf sich zogen, weil sie vor allem sich selbst zum Sujet wählten, doch gab es niemals einen Diskurs, in dem die Anfertigung von Selbstbildnissen als Laster verurteilt wurde. Das könnte daran liegen, dass immer nur wenige Menschen Selbstporträts schufen, diese also schon allein aus Gründen der Quantität nicht folgenreich für die Gesellschaft sein konnten. Aber vielleicht spielt auch der Umstand eine Rolle, dass ein Selfie, anders als ein Selbstporträt, nicht nur ein Bild ist, das eine Person von sich selbst macht, sondern dass es zugleich das Bild einer Person ist, die sich dafür selbst zum Bild macht.

03

Was aber heißt es überhaupt, sich selbst zum Bild zu machen? Und wie genau entsteht ein Selfie? Ganz allgemein sind Selfies Statusmitteilungen, die genauso schnell, wie sie entstehen, auch versendet werden können, sei es an einzelne Adressaten oder an die große Netz-Community. Mit Selfies wird – gerne live – mitgeteilt, wo man gerade ist, wie es einem geht und was man erlebt; mit ihnen lässt sich eine Botschaft oft schneller, witziger, subtiler, eindringlicher ausdrücken als mit Worten.

Selfies sind daher erst mit der Smartphone-Technik möglich geworden. Die Einführung von Rollfilm-, Polaroid- oder Digital-Kameras erlaubte es zwar bereits viel mehr Menschen als je zuvor, rasch und unkompliziert Bilder zu machen, doch erst dank der Smartphones kann man durch Bilder mit anderen Menschen in Verbindung treten, und erst dank der Sozialen Medien gibt es genügend Orte, um sie zu publizieren. Den Selfie-Boom mit einer technischen Entwicklung zu erklären ist allein deshalb plausibel, weil er sich andernfalls kaum so explosionsartig hätte ereignen können. Die Selfie-Kritiker, die einen psychosozialen Wandel für den Boom verantwortlich machen, tun sich hingegen schwer, zu erklären, warum dieser innerhalb weniger Jahre stattgefunden haben soll: Wieso sollten Millionen von Menschen schlagartig zu Narzissten geworden sein? Und das fast überall auf der Welt zur selben Zeit?

Es ist also ein großes Ereignis, dass sich erstmals in der Kulturgeschichte ganz alltäglich und in jedem Moment mit Bildern Nachrichten, Meinungen, Gefühle austauschen lassen. Auch früher schon mochten Bilder den Charakter von Signalen oder Botschaften besessen haben; sie sollten eine Stimmung ausdrücken oder etwas zugespitzt in Szene setzen, aber sie waren viel zu schwerfällig, zu fest an einen materiellen Bildkörper gebunden, um zwischen beliebig weit voneinander entfernten Orten in Echtzeit gesendet werden zu können.

Dass Bilder heute viel sichtbarer und mobiler sind als je zuvor, führt nicht zuletzt zu einem Phänomen, das oft mit Befremden wahrgenommen wird und für den schlechten Ruf von Selfies mitverantwortlich ist. So erscheinen ihre

Protagonisten häufig mit verzerrten, grimassenhaften, exaltiert-übertriebenen Gesichtszügen. Das aber ist oft ein Selbstschutz, denn wer immer ein Selfie postet, muss auch kritische Kommentare und mögliche Shitstorms fürchten, zumal sich nie kontrollieren lässt, wer sie sieht und wo überall sie zirkulieren. Eine eigens inszenierte Selfie-Grimasse aber kann unerwünschten Folgen vorbeugen, wird das Selfie damit doch nicht nur ironisch kommentiert und in seiner Bedeutung heruntergespielt, sondern auch alle Aufmerksamkeit gebunden, um von Dingen – etwa einer unreinen Haut oder unordentlichen Frisur – abzulenken, für die man sich geniert. Der gesamte Akt des Postens wird also ins Lustige und Groteske gezogen, und die Verzerrung erfüllt eine

Bilder 1a–d: Typische Selfie-Grimassen und ein Neidgesicht

apotropäische Funktion – nicht anders als ehedem bei Skulpturen fratzenhaft-hässlicher Gesichter oder Tiere, die als Wasserspeier oder Neidköpfe an Gebäuden angebracht waren und böse Geister abwehren sollten. **(Bilder 1a–d)**

Andere extreme Gesichtsausdrücke hingegen entstehen aus dem Wunsch, sich mit einem Selfie unmissverständlich und prägnant in Erscheinung zu setzen und Adressaten zu einer direkten Reaktion herauszufordern. Der Impetus, sich beim Gesichtsausdruck keinesfalls zurückzuhalten, steigert sich zudem dadurch, dass man ganz allein für das Bild zuständig ist. Lässt sich sonst die Verantwortung für den richtigen Ausdruck und passenden Ausschnitt an die Person delegieren, von der man fotografiert wird, sind bei einem Selfie Autor und Gegenstand des Fotos unmittelbar – körperlich – miteinander verbunden. Anders als der Maler eines Selbstporträts kann der Produzent eines Selfies oft auch gar nicht genau erkennen und entscheiden, wie das Bild komponiert

ist. Wer aber unter Zeitdruck steht, sich für die Aufnahme verrenken muss oder das Display des Smartphones wegen eines Selfie-Sticks nur undeutlich sehen kann, wird sich umso mehr darauf konzentrieren, dass zumindest das eigene Gesicht möglichst ausdrucksstark erscheint. Der bildnerische

Ehrgeiz verlagert sich von der Fotografie auf das Gesicht. Gerade deshalb aber macht man nicht nur ein Bild, sondern macht sich selbst zum Bild. (Und auch wenn man das Selfie auf dem Display wie in einem Spiegel vorab sehen und überprüfen kann, gilt das Hauptaugenmerk dem Gesicht, nicht aber der Komposition des Bildes. Das Display wird so wenig wie ein Spiegel als Bildträger empfunden, auf ihm zeigt sich nur das Gesicht als Bild.)

Dass man im Bewusstsein seiner eigenen Bildwerdung Mimik und Gestik gezielt in Form bringt, lässt aus einem natürlichen Ausdruck eine gestalterische Leistung werden. Deshalb wirken Menschen auf Selfies oft künstlich. Ihr Gesicht wird in dem Maß, in dem es zu einem Bild wird, zu einem Artefakt. Aufgerissene Augen, eine herausgestreckte Zunge, ein gespitzter Mund – das und vieles mehr ist Standard bei Selfies. Und ebenso standardmäßig wird diese Künstlichkeit von Kritikern als Authentizitätsverlust verurteilt. Sie unterstellen beispielsweise, klar (wieder)erkennbare Posen (»clearly recognizable poses«) wie ein ›Duckface‹ – ein zur Schnute verzogener Mund in Verbindung mit eingezogenen Wangen – seien ein Indiz dafür, dass nichts Individuelles zum Ausdruck komme, sondern die jeweilige Person nur nachahme, was sie bei einer anderen, womöglich berühmten Person gesehen habe; es handle sich um bloße Angeberei (»sheer show-off-images«).[12]

Sich zum Bild zu machen heißt aber nicht nur, am eigenen Gesichtsausdruck zu arbeiten oder ihn an einem Vorbild zu orientieren, sondern auch, die eigene Sichtbarkeit zu vergegenwärtigen und zu steigern. Ausdrücklich sichtbar zu sein ist wiederum gleichbedeutend damit, sich auf ein Gegenüber hin auszurichten: auf diejenigen, die das Selfie sehen werden. Dies kann man als sozialen Akt würdigen, es liefert Kritikern aber einen weiteren Grund, einen Authentizitätsverlust zu beklagen. Oder ist es etwa nicht opportunistisch und damit eine Form von Selbstverleugnung, sich auf die Erwartungen derer einzustellen, an die das Selfie adressiert ist – und sich gewissermaßen zu ihrem Clown zu machen, nur um sie zum Lachen zu bringen?

Wer Selfies ablehnt, hat also ein Problem damit, dass Menschen sich selbst zu Bildern machen. Sobald sie vermehrt auf ihre Erscheinung und ihre Wirkung achten, sich nach außen wenden, ganz Ausdruck werden, reduzieren sie sich auf ihre Oberfläche und werden, aus der Sicht der Kritiker, zwangsläufig oberflächlich. Narzissmus ist nach diesem Verständnis nicht Folge eines zu starken Selbst, sondern im Gegenteil Zeichen einer Schwäche des Individuums, das sich nur deshalb zum Bild macht, weil es davon abhängig ist, geliebt zu werden und Gefallen zu finden. Den Selfies der Narzissten stellen sie die Selbstporträts der Künstler gegenüber, die sie dafür würdigen, sich aus Gründen der Selbsterkenntnis und der Selbstreflexion ins Bild zu setzen.

04

Wer sich selbst zum Bild macht, setzt sich in Szene, stellt sich zur Schau, adressiert sich, denkt und handelt in Kategorien des Ausdrucks. Sich in Szene zu setzen heißt immer auch, eine Bühne zu betreten. Wer sich ein Smartphone vor das Gesicht hält, um ein Selfie zu machen, verhält sich also wie ein

Bilder 2a–b: Wolfram Hahn, *Into the Light* (2009–2011)

Schauspieler. Und wie ein Schauspieler weiß der Produzent eines Selfies um seine Sichtbarkeit, weiß, dass jede Regung, jedes Detail der Mimik aufmerksam betrachtet wird und eine Bedeutung erlangt. Beide kontrollieren ihre Gesichtszüge genau. Ihnen ist bewusst, wie viel davon abhängt, welches Bild sie abgeben.

In einer Serie des Fotografen Wolfram Hahn wird deutlich, wie stark sich konzentriert, anspannt und sogar aus der Normalität des Alltags herausnimmt, wer für ein Selfie zum Bild werden will. Hahns Darsteller sind exponiert und vom Smartphone angestrahlt wie auf einer Bühne. Offenbar haben sie eine genaue Vorstellung davon, was auf dem Bild, das sie von sich machen, zu sehen sein soll.[13] **(Bilder 2a–b)**

Damit aber schlüpfen die Produzenten von Selfies auch jeweils in eine Rolle. Sie beziehen sich auf bestimmte Codes, um sich Dritten gegenüber verständlich zu machen. Wie ein Schauspieler nicht sich selbst, sondern eine Rolle verkörpert,

Bilder 3a–d: Selfies mit dem Hashtag *#frischverliebt*

so zeigt auch ein Selfie den jeweiligen Akteur vor allem als Repräsentanten eines Milieus, einer Situation, einer Konstellation. Ein Selfie demonstriert das Im-Urlaub-am-Meer-Sein oder das Frisch-verliebt-Sein oder das Fit-Sein – das alles möglichst typisch, schnell erkennbar, daher oft von Emojis oder Hashtags unterstützt. **(Bilder 3a–d)**

Dass man sich dafür in eine Rolle begibt, lässt die Kritik, Selfies seien nicht authentisch, ins Leere laufen. Vielmehr sollten sie nach denselben Kriterien wie eine schauspieleri-

Bilder 4a–b: Stills aus Stummfilmen: Fritz Murnau »Herr Tartüff« (1925) – Ernst Lubitsch »Die Puppe« (1919)

sche Leistung beurteilt werden – also danach, wie die jeweilige Rolle interpretiert und gestaltet wird. Erfährt sie eine Dramatisierung, wird sie ironisch gebrochen oder mit einer anderen Rolle verbunden? Wie für das Theater gilt für Selfies also in gesteigerter Weise, dass die Mimik »das Schauspiel [ist], das jemand mit seinem Gesicht aufführt«. So formuliert es der Kunstwissenschaftler Hans Belting in einem Buch über die »Geschichte des Gesichts« und führt aus, wie die Mimik bei Schauspielern, die ihre Rollen »mit dem echten Gesicht« spielen, selbst zum Kunstwerk werden kann, auf jeden Fall aber den Charakter einer »Maske« annimmt.[14] War das schon in Diskursen über Schauspieler im 17. und 18. Jahrhundert ein festes Motiv, so wurde es vor allem in der Phase des Stummfilms nochmals akut. In ihm musste immerhin das Fehlen von Sprache kompensiert werden, was häufig zu ähnlich übersteigert-maskenhaften Gesichtsausdrücken führte – und entsprechend als künstlich-überdreht kritisiert wurde – wie bei Selfies, die, sofern sie statische Fotos sind, ebenfalls ohne Worte in Umlauf kommen. **(Bilder 4a–b)**

Belting bezieht sich in seinen Ausführungen zu Gesicht, Mimik und Maske auf den Philosophen Helmuth Plessner, der in einem Aufsatz über die »Anthropologie des Schauspielers« (1948) die These vertritt, dass dieser eigens exponiere, was bei jedem Menschen stattfinde: Generell sei »menschliches Leben« als »Verkörperung einer Rolle nach einem mehr oder weniger feststehenden *Bildentwurf*« zu verstehen.[15] Beim Schauspieler sei die Aufmerksamkeit aber ganz »auf das Bild gerichtet«, zu dem er sich mache, während sonst bei Menschen »die Beherrschung der Rolle« alles andere vergessen lasse, den Betroffenen also ein Sinn für ihre eigene Sichtbarkeit fehle.[16]

In Zeiten von Selfies gilt diese Zweiteilung nicht mehr. Nun versuchen sich sehr viele Menschen in einer Praxis, die der von Schauspielern ähnelt. Ihren eigenen Leib – so könnte man Plessners Formulierungen auf Selfie-Produzenten übertragen – machen sie »zum Kunstmittel«, wobei die Ausdrucksqualität »dem bildschöpferischen Können des Darstellers anheimgegeben« ist.[17] Damit sind Menschen mit schauspielerischen Talenten im Vorteil, wie auch eine Studie aus dem Jahr 2016 behauptet. So posten Menschen mit besonderem Hang zu gesteigerter Selbstdarstellung und extrovertiertem Verhalten (»histrionic personality«) deutlich mehr Selfies als Menschen, denen ein schauspielerisch-theatralisches Auftreten fernliegt.[18]

Dazu passt, dass eines der berühmtesten Selfies eine ungewöhnliche Ansammlung von Schauspielern zeigt. Bei der Oscar-Verleihung im März 2014 gelang es der Moderatorin der Show, Ellen DeGeneres, zahlreiche Stars – von Meryl Streep und Julia Roberts bis zu Brad Pitt und dem damals noch wohlgelittenen Kevin Spacey – zusammen mit sich selbst auf ein Gruppen-Selfie zu bannen. Ihr Wunsch, damit einen Rekord aufzustellen und das Foto mit den meisten Retweets zu posten, erfüllte sich, war doch Twitter tatsächlich kurzzeitig lahmgelegt. Mehr als zwei Millionen Menschen leiteten dieses Selfie innerhalb von rund zwei Stunden weiter.[19]

Wüsste man es nicht besser, könnte man das Bild für eine Foto-Montage halten – und dies weniger wegen der hohen Star-Dichte als wegen der durchgängig prägnanten Gesichter. Sie sind jeweils so sehr Bild, mit so viel professioneller Routine Ausdruck, dass sie wie – gar als – Masken erscheinen. Es sieht so aus, als befänden sich die Selfie-Gesichter vor den eigentlichen – weicheren, in ihrem Ausdruck nicht so markanten – Gesichtern: Als seien sie vor diese montiert. Einige der erfolgreichsten und fotogensten Schauspieler der Welt

Bild 5: Gruppenselfie von Ellen DeGeneres (2014)

demonstrieren also, was möglich ist, wenn man sich für ein Selfie zum Bild macht. **(Bild 5)**

05

Viele Menschen, die Selfies von sich machen, verfügen aber weder über großes Talent noch über genügend Training, um überzeugend zum Bild werden zu können. Sie haben ihre Mimik nie ganz unter Kontrolle; schnell wird bei ihnen peinlich, was ernst gemeint und mit Willen zur Expression in Szene gesetzt ist. Sie bräuchten tatsächlich Masken, um ihre jeweilige Rolle gut zu spielen. Diese Marktlücke aber wurde längst erkannt: Eigene Apps erlauben digitale Maskenbildnerei, mit der sich nicht nur die Haut glätten oder der Teint verbessern, sondern auch der Gesichtsausdruck steigern und mit eindeutigen Codes versehen lässt. Filter überformen und verfremden das fotografische Bild oder überschreiben es sogar mit grafischen Elementen: Aus der Nase wird ein niedliches Katzen-Schnäuzchen, man bekommt einen Blumenkranz um die Stirn oder wird zum skelettierten Zombie. Statt behutsamer Korrekturen liefern die Filter schrille Überzeichnungen und verkürzen jedes Individuum auf einen plakativen Typus oder eine Karikatur mit Animationswert. Damit befreien sie den Selfie-Produzenten aber auch von der »Last des Bildentwurfs«, den Plessner noch für alle Menschen konstatierte, die nicht professionelle Schauspieler sind.[20] **(Bilder 6a–d)**

Dass eine App, die 2015 an den Start ging, den Namen *MSQRD* erhielt, der aus den Konsonanten von ›Masquerade‹ besteht und die Filter ausdrücklich als Masken begreift, zeugt von einem genauen Verständnis dessen, was bei Sel-

Bilder 6a–d: Selfies mit Filtern

fies passiert. Dienten Masken von jeher dazu, Gesichtsausdrücke zu verstärken und zu schematisieren, und setzte man sie schon immer dort ein, wo »man mehr Gesicht brauchte, als es der Körper hergab«, dann erfüllt eine App wie *MSQRD* diese Funktion für Menschen, die Selfies machen.[21] (Die App war deshalb sogar so erfolgreich, dass sie schon nach einem Jahr von Facebook aufgekauft wurde.) **(Bild 7)**

Dass sich die Masken dank hochentwickelter Software sekundenschnell wechseln lassen, erhöht ihre Attraktivität.

Ein großer Teil der täglich millionenfach geposteten Selfies zeigt daher maskierte, oft bis zur Unkenntlichkeit veränderte Gesichter. An ihnen wird deutlich, wie wenig es bei Selfies um die Offenlegung des wahren Selbst geht, wie häufig hingegen ein Rollenspiel oder sogar das Verbergen der eigenen Gesichtszüge – der Schutz der Intimsphäre – beabsichtigt ist. Dass Apps wie Snapchat täglich neue Masken und Effekte anbieten, befreit User der Sozialen Medien zudem von dem Druck, der dadurch entsteht, regelmäßig etwas Originelles und Witziges senden zu müssen.

Sofern es aber üblich wird, dass sich Menschen bei einem Selfie nicht auf die eigene Mimik verlassen, sondern lieber eine Maske wählen, also den natürlichen durch einen

Bild 7: Varianten der App MSQRD (2015)

artifiziellen Ausdruck ersetzen, kann man eine Entwicklung beobachten, die gegenläufig zu derjenigen ist, die in der Geschichte des Theaters stattgefunden hat. In der Antike trugen Schauspieler häufig Masken, mit denen sie die Eigenschaften der Figur, die sie verkörperten, (und nicht etwa ihre eigenen) zum Ausdruck brachten. Für Komödien gab es andere Masken als für Tragödien; einzelne Protagonisten waren dadurch

Bilder 8a–b: Griechische und römische Theatermasken

schnell und zweifelsfrei erkennbar **(Bilder 8a–b)**. Auch viele Formen des Theaters im 17. und 18. Jahrhundert folgten noch derselben Idee des bewusst Künstlichen. Erst nach und nach wurden die Masken durch Schminke ersetzt, bis schließlich der noch heute geltende Anspruch entstand, dass Schauspieler allein mit ihrer Mimik darstellen sollten, was ihre Rolle ihnen vorschreibt. Durch Film und Fernsehen verfestigte sich dieser Anspruch, und so wurde die Moderne zur Epoche der großen Charakterdarsteller, die eine Rolle ganz aus sich heraus – individuell – verkörpern, wobei Physiognomie und Mimik einander unterstützen. Doch nun, in Zeiten von Selfies, in denen zahllose Menschen zu Laienschauspielern werden, nähert man sich wieder der Praxis des alten Theaters an: Jeder kann in einem Moment ein Zombie und im nächsten eine Katze sein.

06

Mit der Selfie-Kultur kehrt zugleich eine Form von öffentlichem Leben zurück, dessen »Verfall und Ende« in der Moderne am genauesten von dem Soziologen Richard Sennett beschrieben wurde. Er arbeitete heraus, wie stark die Idee öffentlichen Lebens noch und gerade im 18. Jahrhundert davon bestimmt war, die Menschen als zur Schauspielerei befähigt anzusehen. Von Höflichkeitsfloskeln bis zur Kleidung, vom Darstellen von Affekten bis zum Tragen von Masken sollten sie formbewusst sein und alles als Inszenierung begreifen, so dass der Einzelne nicht als Individuum, sondern als vielseitiges soziales Wesen zur Geltung kam. Für das Rollenspiel, welches das öffentliche Leben bedeutete, lieferte das Theater Anregungen; die Menschen unterschieden sich weder in ihrem Habitus noch in ihrem Selbstverständnis von Schauspielern. Vielmehr wurde die schon in der Antike geläufige Metapher vom Welttheater (*theatrum mundi*) ganz wörtlich genommen. Deshalb bekleidete man die öffentlichen Rollen sehr engagiert, mit so großem expressivem Ehrgeiz, als stünde man auf einer Bühne. Alles drehte sich um die

»Darstellung von Emotionen«, womit jeweils »allgemeine Erlebnismuster« repräsentiert werden sollten, während die Idee der Authentizität gar nicht verstanden worden wäre.[22]

Dass es nicht um den Ausdruck von Eigenem ging, war nach Sennetts Interpretation darin begründet, dass man in Städten wie Paris und London im 18. Jahrhundert vornehmlich fremden Menschen begegnete. Es wäre deplatziert und riskant gewesen, sich mit Privatem zu offenbaren; zugleich galt das öffentliche Leben als Chance, den eigenen Status zu verbessern und Ansehen zu gewinnen. Statt das Rollenspiel nur als eitle, berechnende Selbstinszenierung abzuwerten, wurde es als anspruchsvolle Aufgabe angesehen, die es dem Einzelnen erlaubte, kreative und soziale Fähigkeiten zu demonstrieren. Erst in der Moderne kam es nach Sennett dazu, dass »Theatralität in einem [...] feindlichen Verhältnis zur Intimität steht«: In der anonymen Industriegesellschaft begab man sich auf den Weg zu »innen-geleiteten Verhältnissen« und verlagerte alle Hoffnungen auf ein sinnvolles Leben ins Private.[23]

Die Entstehung der Sozialen Medien aber verändert Erfahrung und Selbstverständnis derer, die aktiv daran teilnehmen. Dass die ›Freunde‹ auf Facebook meist viel zu viele sind, um ihnen allen im ›realen Leben‹ begegnen zu können, wird von Kritikern gerne angemerkt. Doch statt einfach nur über einen Niedergang ›echter‹ Freundschaft zu lamentieren, könnte man auch darüber nachdenken, was es bedeutet, auf den Plattformen der Sozialen Medien die Äußerungen und Handlungen von Leuten, die man persönlich gar nicht kennt, in den eigenen Timelines und Feeds tagtäglich zur Kenntnis zu nehmen. Fremdheit bedeutet dann gerade nicht mehr Anonymität, vielmehr weiß man über diejenigen, denen man folgt, zum Teil genauer Bescheid als über eigene nahe Freunde und Familienmitglieder – und umgekehrt können Fremde ein detaillierteres Bild von einer in den Sozialen Medien aktiven – und damit öffentlichen – Person haben als deren direkte Angehörige. Resultiert die Neigung zu Rollenspiel und Maskierung also nicht gerade daraus, dass man wieder einen viel stärkeren Anreiz verspürt, neben dem privaten gleichberechtigt ein öffentliches Leben zu führen?

Allerdings handelt es sich dabei um eine medial konstituierte Öffentlichkeit. Die Menschen betreten den öffentlichen Raum nicht wirklich; im Unterschied zu früher müssen sie den privaten Raum nicht verlassen, um öffentliche Rollen bekleiden zu können. Damit kehren aber auch nicht genau die Zustände wieder, die im 18. Jahrhundert herrschten, als das Öffentliche und das Private klar voneinander getrennt waren. Vielmehr ist es nun erstmals möglich, dass das Private selbst öffentlich wird. Statt es wie in der Moderne gegen jegliche Öffentlichkeit abzuschirmen, repräsentiert man es, ohne es deshalb preisgeben zu müssen. Das Rollenspiel im medialen Raum erlaubt vielfältige Inszenierungen – und dadurch auch einen Schutz – gerade des Privaten: Man lebt es für sich – gleichsam im Original – und demonstriert es zugleich – als stilisierte Reproduktion – auf diversen Accounts und Plattformen des Netzes.

Selfies fungieren dabei als perfekte Fassade des Privaten. Auf ihnen sieht man Menschen bevorzugt in privaten Situationen: mit dem Partner und ihren Kindern, im Urlaub und bei einem Ausflug, zusammen mit dem Essen, zuhause, vor dem Spiegel, gar in der Badewanne oder im Bett.

Dennoch wirken diese Bilder selten wie eine Entblößung oder Grenzüberschreitung. Dafür folgen sie zu deutlich Konventionen der Inszenierung: Die Menschen spielen eine Rolle, setzen jeweils eine Maske auf. Selfies verraten also oft wenig über einen Gemütszustand, sondern führen vielmehr etwas vor, das einer eigenen Logik gehorcht und einem Bedürfnis nach Typisierung, Überzeichnung und Pointierung folgt. Selfies sind mediale Doubles derer, die sich damit zum Bild machen. **(Bilder 9a–d)**

Bilder 9a–d: Selfies mit dem Hashtag *#bedselfie*

07

Richard Sennett beschreibt ausführlich, wie insbesondere in der französischen Gesellschaft des 17. und 18. Jahrhunderts der gesamte Körper als Ort von Inszenierungen aufgefasst wurde. Das begann bei den Haaren und endete mit den Schuhen: »Nase, Stirn und Kinnpartien waren mit roter Schminke eingerieben. Es gab kunstvolle Perücken von erheblichen Ausmaßen. Zur Haartracht der Frauen gehörten mitunter genauestens gearbeitete Schiffsmodelle, die ins Haar geflochten wurden, Fruchtkörbe oder gar ganze, von kleinen Figuren dargestellte historische Szenen. Frauen wie Männer schminkten ihre Haut entweder kräftig rot oder matt weiß. Man trug Masken, aber nur um des Vergnügens willen, sie immer wieder abnehmen zu können. Der Körper schien zum Spielzeug geworden.«[24]

Gemälde aus derselben Zeit stützen Sennetts Behauptung. So spezialisierte sich etwa Claude Gillot, Lehrer des berühmteren Malers Antoine Watteau, auf Genrebilder, die das öffentliche Leben in zugespitzter Weise darstellen und die Überzeugung verraten, dass die gesamte Welt wirklich nur ein großes Schauspiel ist. Auf einem Gemälde aus der Zeit um 1720 sind Schauspieler der Commedia dell'Arte von ihrem Publikum – Repräsentanten der feinen Gesellschaft – kaum zu unterscheiden. **(Bild 10)** Vielmehr sind alle Anwesenden aufwendig gestylt, geschminkt, maskiert, dekoriert, herausgeputzt; hier spielt jede und jeder eine Rolle. Das öffentliche Leben wird mit viel Witz zelebriert, indem man seine Hautfarbe verändert, phantasievolle Kopfbedeckungen wählt (bei rund dreißig Personen gibt es keine einzige Dou-

Bild 10

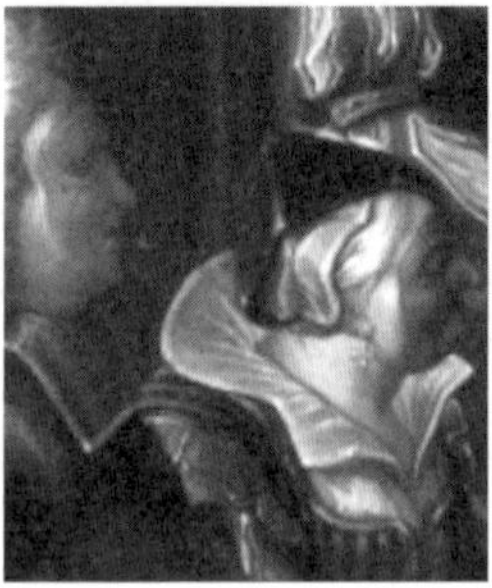

Bilder 11a–c: Details aus Bild 10

blette!) und Kostüme anlegt, mit denen verschiedene Berufsstände, Nationalitäten und Zeitalter zitiert werden. **(Bilder 11a–c)**

Heutige Filter, die das eigene Selfie mit Schmuckelementen ergänzen oder komplett verfremden, wirken vergleichsweise lieblos. Da sie sekundenschnell auszuwählen oder zu ändern sind und meist auch nicht weiterbearbeitet werden, bleibt ihr Applikationscharakter sichtbar. Oft erscheinen sie eher als Zeichen denn als Bilder und signalisieren wie Piktogramme einfache Botschaften, etwa ›Ich habe gute Laune‹ oder ›Ich bin liebesbedürftig‹. Sobald Maskenelemente nicht mehr fest mit dem Gesicht verbunden sind, können sie sich noch weiter lösen. Frei flottierend bewegen sie sich schließlich – als Sticker oder Emojis – über das gesamte Bild. Galt im Frankreich des 18. Jahrhunderts, dass »das Gesicht [...] zur Folie geworden [war], auf der man Abzeichen abstrakter Charaktereigenschaften anbrachte«,[25] so ist nun das Foto eine Fläche, auf die eine zusätzliche Schicht mit grafischen Symbolen aufgetragen wird, die von realen oder erwünschten Zuständen künden. **(Bilder 12a–b)**

Das Masken- und Rollenspiel verleitete aber auch früher schon dazu, die Verwandlungen auf Bildern noch weiter zu treiben. Statt nur bunte Federn und lange Nasen anzulegen, imaginierte man etwa, Menschen seien Tiere – am liebsten Affen. Das konnte gesellschaftskritisch gemeint sein, wurde aber viel häufiger als witzige oder komische Verfremdung zu Zwecken der Unterhaltung eingesetzt. Der Maler Christophe Huet etwa malte in den 1730er Jahren nicht nur Bilder von Tänzern, Musikern oder Künstlern, auf denen die Protagonisten die Körper von Affen haben, sondern schuf für

Bilder 12a–b: Selfies mit Dekor

Bilder 13a–b: Affen-Groteske (Grande Singerie) von Christophe Huet in Schloss Chantilly (um 1735), Selfie mit Affen-Filter

das Schloss in Chantilly auch groß angelegte Ornamente mit menschlich bekleideten und ausstaffierten Affenfiguren. Eine ähnlich groteske Anmutung haben heute Selfies, deren Akteure sich mit Filtern für einen Moment als Katzen, Eisbären oder Affen präsentieren. In beiden Fällen soll eine augenzwinkernde Geste diejenigen, an die sie gerichtet ist, dazu animieren, ihrerseits in Spiellaune zu geraten und eine unterhaltsam überspitzte Rolle einzunehmen. Ein Bild lockert also die Stimmung auf, ähnlich wie ein alkoholisches Getränk. **(Bilder 13a–b)**

08

Die vielen Filter mit neckischen und albernen Sujets liefern Kritikern zusätzlichen Stoff. Selfies sind aus ihrer Sicht nicht nur narzisstisch, sondern auch »trivial, banal, schlichte Wegwerfartikel«; sie würden jeglichen Begriff von Humanität und letztlich sogar die Idee von Menschenrechten untergraben. Dagegen komme in den großen Selbstporträts der Kunstgeschichte das wahre Selbst, der innerste (und beste?) Kern des Menschen zum Ausdruck.[26]

Die Selfie-Kritiker sind allerdings noch ganz in der von Sennett analysierten Logik der Moderne gefangen, der zufolge das Private und Innere das Eigentliche ist, das Äußere und Öffentliche hingegen einen sekundären, immer auch defizitären Status hat. Dabei gehört es zu den Pointen von Sennetts Theorie, gerade den Öffentlichkeitsskeptikern, die die Bildung des Selbst als wichtigste und damit zugleich intimste Angelegenheit deklarieren, Narzissmus zu unterstellen. Narzissten nämlich würden, da sie sich ganz »auf die Authentizität ihres Fühlens« konzentrierten, letztlich unfähig, »expressiv zu sein«; fixiert auf ihr Selbst verkümmere bei ihnen das soziale Empfinden.[27]

In Fortsetzung zu Sennett könnte man daher eher jemanden, der keine Selfies macht, unter Narzissmus-Verdacht stellen als eine Person, die viele Selfies postet, sich dafür in diverse Rollen begibt und damit viele Menschen erreichen will. »Wahre Narzissten«, so greift der Kunstkritiker Brian Droitcour diesen Gedanken auf, sähen ihr Selbst als »zu kostbar« an, um ein Bild davon mit anderen zu teilen (»The real narcissists are the ones who never take selfies. They imagine their self as autonomous, hermetic – too precious to be shared«).[28]

Wer Selfies zu einem Symbol des Kulturverfalls erklärt, übersieht aber noch etwas. Selfies sind ein globales Phänomen; man trifft sie überall, wo Smartphones und Soziale Medien existieren. Nicht einmal dort, wo, wie in islamischen Ländern, das Zeigen des Gesichts in der Öffentlichkeit aus religiösen Gründen nur eingeschränkt erlaubt oder gänzlich tabuisiert ist, verzichten die Betroffenen darauf, Selfies zu machen. **(Bilder 14a–c)**

Bilder 14a–c: Selfies mit Hijab und Niqab

Gerade hier zeigt sich, wie wenig Selfies damit zu tun haben, Privates und Intimes preiszugeben, und dass es vielmehr einer spezifisch westlich-modernen Einstellung geschuldet ist, wenn von ihnen etwas Authentisches, Individuelles erwartet wird. Damit aber läuft die Kritik derer, die im Zusammenhang mit Selfies Narzissmus und Banalität beklagen, umso mehr ins Leere, fordern sie doch Standards für Selbstbildnisse ein, die in anderen Kulturen vermutlich nie existiert haben – und die dort auch nur schwer plausibel zu machen wären.

Man könnte sogar spekulieren, dass der Selfie-Boom eher von nicht-westlichen Kulturen – von Ländern wie Japan und Südkorea – ausging, in denen es weniger Argwohn gegen eine Kultur inszenierter Selbstdarstellung gibt als in Europa. Da sich technische Entwicklungen aber weitgehend unabhängig von kulturellen Gegebenheiten durchsetzen, werden neue Phänomene auch dort virulent, wo sie zuerst unwahrscheinlich anmuten. So fungiert die Technik als Treiber kultureller Annäherung; Vorbehalte werden im globalen Maßstab schnell randständig und führen allenfalls noch zu ein paar Missverständnissen. Von all dem zeugen Selfies – und avancierten innerhalb weniger Jahre zu einer der ersten weltumgreifend relevanten Formen von Bildlichkeit.

09

Dass Selfies meist entstehen, um versendet zu werden und andere Menschen zu erreichen, führt aber auch zu Bildmustern, die sich weltweit ähneln. Das wird nicht zuletzt dadurch begünstigt, dass man in den Sozialen Medien auf Bilder oft mit anderen Bildern antwortet. Wer ein Selfie mit weit aufgerissenen Augen postet, um zu signalisieren, etwas Verrücktes erlebt zu haben, wird also kaum einmal nach Details des Erlebten gefragt oder mit Berichten der Erlebnisse anderer überhäuft; viel wahrscheinlicher ist eine Reaktion, die ihrerseits in einem Selfie besteht. Darauf sind die Augen entweder – als ironische oder triumphierende Geste – noch weiter aufgerissen, oder es zeigt ein freudiges Lächeln oder entspanntes Blinzeln, um Anteilnahme zu bekunden oder um die Übertreibung des ersten Selfies sanft zu entlarven. Alternativ lässt sich mit einem GIF oder, am einfachsten, mit ein paar Emojis antworten, die wie ein aufmunterndes Schulterklopfen wirken.

Dass auf Bilder wiederum mit Bildern, zumindest aber mit Bildzeichen wie Emojis geantwortet werden kann, ist eine historische Neuerung. Gewiss gab es in früheren Jahrhunderten Künstlerwettstreite, bei denen auf eine raffinierte Ikonografie mit einer noch gewitzteren Bildkomposition repliziert wurde oder die darin bestanden, dasselbe Sujet noch besser zu malen oder schlagfertig auf das Bild eines Kollegen zu reagieren. Doch ging es dann um Berufsethos und Künstlerstolz – und nicht um den alltäglichen Austausch eher beiläufiger Neuigkeiten. An Reaktionszeiten von wenigen Sekunden, also an Dialoge in der Geschwindigkeit, mit der sonst mit Sprache und Körpersprache kommuniziert wird, war ohnehin nicht zu denken. Erst seit einigen Jahren entsteht also ein weiteres System menschlicher Interaktion, das zwar ausschließlich durch Medien, dafür aber über beliebige Entfernungen hinweg funktioniert.

Da es neu ist, mit Bildern zu kommunizieren, spielen kulturelle Unterschiede nur dann eine hemmende Rolle, wenn Akteure sich auf Bildformen ihrer jeweils eigenen Traditionen berufen. Davon abgesehen jedoch entwickelt sich auf der Grundlage einer gemeinsamen Technik eine übergreifend gültige Art des Austauschs. Vergeblich hatte man davon in den Jahrtausenden geträumt, die von räumlicher Trennung zwischen den verschiedenen Kulturen geprägt waren und in denen nicht nur die Sprachen, sondern auch Mimiken und Gesten oft stark differierten. Nun aber konstituiert sich erstmals eine global verständliche Form des Kommunizierens: mit Bildern und Bildzeichen, jenseits babylonischer Sprachverwirrung.[29]

10

Selfies gehören wegen ihrer großen Beliebtheit zu den Bildgattungen, bei denen Kodifizierungen bereits gut erkennbar sind. Dass viele Menschen im Selfie-Modus auf ihren Ausdruck bedacht, vor allem aber um Reaktionen derer bemüht sind, an die sie sich adressieren, begünstigt Mimiken, die an Slapstick oder Karikaturen erinnern, die nachzuahmen Spaß macht oder die sich besonders gut variieren lassen. Und gibt es auf einen Gesichtsausdruck oder aufgrund eines bestimmten Filters viel Resonanz, wird man das erfolgreiche Format wiederholen, während man zugleich selbst ebenfalls verstärkt auf witzige oder aussagekräftige Mimiken reagiert. Nach und nach bilden sich auf diese Weise Kommunikationsmuster heraus – ähnlich wie in der Sprache, wo eine Redewendung aus Konvention – fest eingespielt – mit einer anderen Redewendung beantwortet wird.

Auf Selfies haben sich daher sogar Mimiken durchgesetzt, die es zuvor in der natürlichen Körpersprache nicht – und schon gar nicht global – gegeben hat. Zum Beispiel ist es beliebt, gleichzeitig mit einem Auge zu zwinkern und die Zunge herauszustrecken. Das wirkt herausfordernd, soll das Gegenüber oft auch veräppeln oder eine Situation ins Lustige und Alberne ziehen (und ist insofern mit der Verwendung eines Affen-Filters zu vergleichen). Innerhalb weniger Jahre verbreitete sich diese Mimik und taucht auf Selfies in Asien, in Europa, in der arabischen Welt oder in Afrika gleichermaßen auf, ohne dass regionale Verwendungs- oder Bedeutungsunterschiede zu bemerken sind. Und was für sich genommen so einfältig aussehen mag, wie es Kritiker Selfies generell unterstellen, erscheint im Zusammenhang, in dem ein solches Bild entsteht und gepostet wird, oft schlüssig. Um mit anderen in einen Dialog zu kommen, kann ein Selfie mit Augenzwinkern und herausgestreckter Zunge ähnlich wirken wie in der direkten Begegnung – je nach Kultur und Milieu – ein forscher Handschlag oder ein feixend intoniertes »Na, Du?!« **(Bilder 15a–d)**

Die erfolgreichsten Selfie-Posen führen sogar zu Veränderungen in der Alltagsmimik. Ein frühes Beispiel dafür lieferte 2015 der damalige US-Präsident Barack Obama. In einem Video mit dem Titel »Things everybody does but doesn't talk about«, das für seine Gesundheitsreform werben sollte, sieht man den vermeintlich sich unbeobachtet fühlenden Präsidenten, während er vor dem Spiegel eine Rede vorbereitet, aber auch herumalbert und Grimassen zieht. Immer wieder

Bilder 15a–d: Eine typische Selfie-Pose

Bilder 16a–b: Barack Obama in einem Buzzfeed-Video

mimt er dabei Gesichtszüge typischer Selfie-Posen – nicht zuletzt die mit herausgestreckter Zunge und Augenzwinkern. Schließlich hantiert er noch mit einer Selfie-Stange und macht Selfies von sich. Doch ob er beim Herstellen eines Selfies oder im (inszeniert) intimen Moment gezeigt wird, bedeutet keinen Unterschied: Die markante Mimik von Selfies prägt bereits insgesamt seine Körpersprache. **(Bilder 16a–b)**

Wie zwanghaft die Übernahme von Selfie-Posen werden kann, verdeutlicht ein Plakat (ebenfalls von 2015), das für einen Schnäppchenmarkt wirbt. Das Gesicht einer Frau ist auch hier verzerrt, weil sie ein Auge zukneift und ihren Mund weit aufreißt. Sosehr mit der Mimik eine appellative Wirkung erstrebt sein mag, die innerhalb eines lebendigen Austauschs – in den Sozialen Medien oder in der Alltagskommunikation – völlig angemessen sein mag, so absurd erscheint sie jedoch in einer Situation, in der Adressaten gar nicht reagieren können. Dass man sich über den Status einer aus der Selfie-Welt stammenden Mimik offenbar nicht bewusst war, zeigt, wie

Bild 17: Werbeplakat im öffentlichen Raum (2015)

unvertraut viele noch mit Bildern als Mitteln der Kommunikation sind. Ein derartiges Plakat ist daher auch kaum Vorbote künftiger Bildpraktiken, sondern vielmehr Dokument einer Übergangszeit, in der erst gelernt werden muss, welche Mimiken an welcher Stelle passend sind. **(Bild 17)**

11

Als Teil einer sich globalisierenden Bildkommunikation werden Selfies oft mit Emojis kombiniert und stehen mit diesen in einem engen Wechselverhältnis. Da auch Emojis Stimmungen signalisieren und animierend wirken sollen, haben sie eine ähnliche Funktion wie Selfies; zudem bestehen sie oft ihrerseits aus – zu Piktogrammen stilisierten – Gesichtern. Mit Emojis wird erklärtermaßen das Ziel globaler Kommunikation verfolgt, denn nachdem sie sich aus simplen Zeichenkombinationen (sowie aus Smileys und Emoticons) entwickelt haben, wurden sie 2010 von Unicode, einem Konsortium, das Standards für digitale Zeichen definiert, aufgenommen und zu einer global einheitlichen Sprache ausgebaut. Die alljährliche Kodifizierung neuer Emojis wird zunehmend zu einem Ritual mit großer Medienresonanz, gelten die Entscheidungen von Unicode doch als Urteil darüber, was globale Relevanz besitzt.[30]

Auch App-Funktionen, mit denen sich Selfies in Emojis umwandeln lassen, belegen die enge Verbindung zwischen beiden. Der jeweilige Gesichtsausdruck wird dann von einem Programm erfasst, das Foto auf diesen reduziert und in ein grafisches Bildsymbol übersetzt. **(Bild 18)** Mit anderen Apps

Bild 18: Die App *Animoji*

Bild 19: Die App *Faceapp*

kann man im Gegenteil ein existierendes Foto in seinem Ausdruck verändern, indem es jeweils an ein Emoji angepasst wird. Ein ernstes Gesicht verwandelt sich so in ein lachendes oder wird traurig. **(Bild 19)** Beliebt sind außerdem Selfies, die den Charakter eines Emojis nachbilden. Unter Hashtags wie #emojicontest oder #emojifacechallenge finden sogar Wettbewerbe statt, deren Teilnehmer demonstrieren, dass sie beliebige Emojis mühelos zu imitieren vermögen. **(Bilder 20a–b)** Dass eines der gerne nachgestellten Emojis ein Gesicht mit einem zwinkernden Auge und einer herausgestreckten Zunge zeigt, lässt die Vermutung zu, diese bei Selfies beliebte Mimik sei von Unicode zu

Bilder 20a–b: *#emojicontest*

einem offiziellen Gesichtsausdruck erhoben worden, dort mit den Worten »Face with stuck-out tongue and winking eye« umschrieben.[31] **(Bild 21)**

Bild 21

Tatsächlich jedoch kann man rekonstruieren, dass das Vorbild für das Emoji in diesem Fall nicht ein allgemein üblicher Gesichtsausdruck, sondern eines der Smileys war, mit denen in der Anfangszeit des Internets – ab den 1980er Jahren – kommuniziert wurde, um Missverständnisse über den Tonfall von Nachrichten – etwa in E-Mails – zu minimieren. Gerade wenn etwas ironisch, lustig oder spöttisch gemeint war, wollte man mit einfachen Zeichenkombinationen sicherstellen, dass die Adressaten das richtig auffassten. Und wer etwas

Freches oder Unanständiges sagte, das aber vorsichtshalber gleich wieder relativieren wollte, wählte folgende Zeichenkombination:

;-P

Das ist ein schematisches Gesicht, um neunzig Grad nach links gedreht, mit einem zwinkernden Auge, Nase und Mund mit herausgestreckter Zunge. Aus dem Smiley wurde dann ab den 2000er Jahren ein Emoji, nun grafisch so umgesetzt, dass es als Gesicht unmittelbar zu erkennen ist. Erst dieses Emoji animierte Menschen dazu, Elemente davon nachzuahmen, um eine Aussage entsprechend zu konnotieren oder um, allgemeiner, in die Rolle eines Clowns zu schlüpfen, der sich über andere lustig macht, das aber nicht böse meint. Dabei verraten viele der so entstehenden Selfies noch den synthetischen Charakter des Smileys, das zwei Intentionen miteinander kombiniert. Auf ihnen wirkt der Gesichtsausdruck ziemlich angestrengt: als fehle es noch an Muskelbeherrschung.

Innerhalb einer Geschichte der Mimik böte dieser Fall gutes Anschauungsmaterial dafür, wie sehr Gesichtsausdrücke Artefakte sind: das Ergebnis kulturell bedingter Zeichensetzungen. Auch wenn sich dafür kein Autor identifizieren ließe, ist gerade die bei Selfies beliebte Mimik des Emojis mit der Unicode-Nummer 1F61C Folge und Anwendung eines Designs. Wenn aber aus einem bloßen Zeichencode eine allgemein übliche Mimik werden kann, zeugt das davon, wie stark das menschliche Gesicht ein Ort von Codes und Konventionen ist. Der Einfluss einer Institution wie Unicode ist daher kaum zu überschätzen, denn erstmals in der Geschichte der Menschheit ist die semantische Konditionierung der Mimik zu einer globalen Angelegenheit geworden. Mit Emojis werden künftig Mimiken von Selfies, die sich durch Resonanz in den Sozialen Medien ausbilden und verstärken, noch deutlicher definiert und in den Rang von Bildzeichen erhoben, die zu grenzüberschreitender Kommunikation geeignet sind. Ob ein solcher Beitrag zur Völkerverständigung nicht sogar einmal mit dem Friedensnobelpreis gewürdigt werden wird?

12

Geben Selfies einerseits alten Träumen einer grenzüberschreitenden Kommunikation neuen Auftrieb, so normieren sie andererseits Mimik und Gestik immer weiter. Dabei manifestieren sich in ihnen vor allem extreme Posen, besitzen diese doch die größte Eindeutigkeit, also den prägnantesten Signalcharakter, aber auch die stärkste Animationskraft. Beim Blick auf Selfies wie auf Emojis entsteht der Eindruck, mit ihnen werde der Raum möglicher Gefühlslagen von den Rändern her bestimmt. Zugleich erscheint vorstellbar, den gesamten Emotionsraum zu kartografieren. Könnte man nicht sämtliche auf Selfies in Szene gesetzten Gesichtsausdrücke erfassen, um daraus eine Art von Alphabet zu erstellen, das sich wiederum in Entsprechung zur Liste der Emojis bringen ließe? Und könnte man nicht sogar systematisch die Modifikationen einzelner Gesichtspartien aufschlüsseln und in all ihren Kombinationen entwerfen? Man würde dann einen weit aufgerissenen Mund einmal mit zusammengekniffenen Augen verknüpfen, in einer anderen Konstellation hingegen mit starr geöffneten Augen oder einer in Falten gelegten Stirn. Schließlich ließen sich die Grenzen des mimisch Möglichen ausloten, könnte man doch untersuchen, welche Bewegungen mit den Gesichtsmuskeln man nicht gleichzeitig ausführen kann.

Solche von Selfies und Emojis inspirierten Versuche rücken auch Unternehmungen in ein neues Licht, die sich schon früher mit der Mimik befassten. Man denke etwa an die Experimente des Physiologen Guillaume-Benjamin Duchenne, der viele verzerrte Gesichter dokumentierte, als er in der Mitte des 19. Jahrhunderts systematisch die Gesichtsmuskulatur erforschte. Dazu reizte er die Muskeln einzeln mit Elektroden, um ihre jeweilige Funktion für die Mimik zu erkennen. **(Bilder 22a–c)**

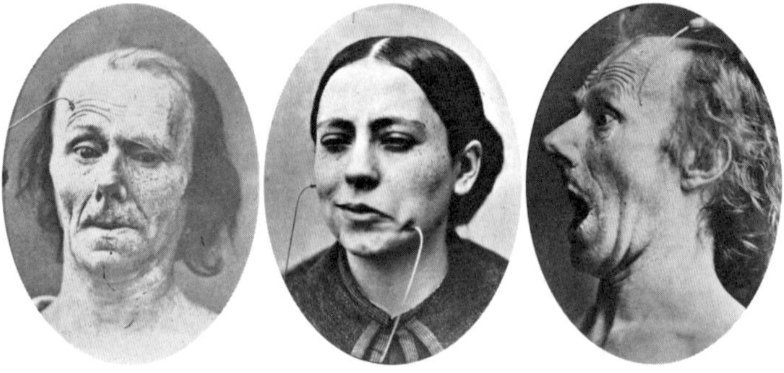

Bilder 22a–c: Experimente von Guillaume-Benjamin Duchenne

Nicht überliefert ist hingegen, was der Bildhauer Franz Xaver Messerschmidt bezweckte, als er in den 1770er Jahren

Bild 23: Kopfstücke von Franz Xaver Messerschmidt

in rund fünfzig – an seiner eigenen Physiognomie orientierten – Charakterköpfen unterschiedliche, in ihren Extremen karikaturenhaft zugespitzte Ausdrucksweisen eines Gesichts festhielt. **(Bild 23)** Die Köpfe mit herausgestreckter Zunge, gespitzten Lippen, aufgerissenen Augen oder in Falten gelegter Stirn könnten in Auseinandersetzung mit der Affektlehre entstanden sein, um in aufklärerisch-erkenntnisorientierter Absicht »die Komplexität der emotionalen Wirklichkeit« zu erfassen. Dabei reizte Messerschmidt die Spielräume der Gesichtsmuskeln voll aus und schreckte auch nicht davor zurück, »die Ausdrucksmöglichkeiten eines Gesichts [zu] überfordern«.[32] Gerade darin erinnern die Skulpturen an einige Typen von Selfies, wobei Messerschmidt auch Kombinationen mimischer Elemente ersann, für die sich bei Selfies (noch) kein (etabliertes) Pendant finden lässt.

Bilder 24a–b: Selfies unter Anleitung von Messerschmidt

So gern Selfies zu Symbolen des Kulturverfalls deklariert werden, so oft erklärte man auch Messerschmidt für verrückt oder zumindest zu einem pathologischen Fall.[33] Und man deutete seine Skulpturen als Ausgeburten eines narzisstischen Künstlers.[34] Im Umgang mit ihnen sind also viele hilflose und aggressive Reaktionen auf Selfies bereits vorweggenommen. Und tatsächlich passten Messerschmidts Charakterköpfe nie so gut in die Zeit wie heute. Sie fungieren sogar als Übungsobjekte, vor denen sich Menschen mit Selfie-Ambitionen bemühen, die skulptierten Gesichtsausdrücke nachzuahmen. Sie begreifen diese als Herausforderung, der sie sich stellen wollen. **(Bilder 24a–b)** Darüber hinaus sind die Skulpturen Grundlage museumspädagogischer Workshops. Mit ihrer Hilfe will man vor allem Kinder und Jugendliche zu einem bewussteren Umgang mit ihren eigenen mimischen Möglichkeiten erziehen – und bereitet sie so auf eine erfolgreiche Selfie-Karriere vor. Mit großer Verspätung wird Messerschmidt also zum Designer allgemein praktizierter Mimiken.

Museum Kunstpalast Düsseldorf
23. Februar ·

Kinder und Jugendliche, die selbst kreativ sein wollen, sind bei uns genau richtig! Unter künstlerischer Anleitung werden Kurse und Workshops zu unterschiedlichen Themen für verschiedene Altersgruppen angeboten.

Und der Spaß kommt dabei natürlich nie zu kurz - wie man auf dem Bild schön sehen kann 😃

Am besten einfach mal auf unserer Seite stöbern und das passende finden: bit.ly/ProgrammMKP

[📷: Kinder im Museum Kunstpalast, Foto: Museum Kunstpalast]

Gefällt mir · Kommentieren · Teilen

Bild 25: Museumspädagogik mit Messerschmidt – im Museum Kunstpalast Düsseldorf (2018)

(Bild 25) Auch andere Werke aus der Geschichte der Kunst, die bislang eher im Schatten standen oder interpretatorische Probleme bereiteten, wirken auf Menschen, die an den

Bilder 26a–c: Rembrandt, Courbet, Tanguy im mimischen Experiment

täglichen Anblick von Selfies gewöhnt sind, auf einmal frisch und schlüssig. Von Rembrandts radiertem »Selbstbildnis mit aufgerissenen Augen« (1630) über Gustave Courbets Selbstporträt als Verzweifelter aus den frühen 1840er Jahren bis hin zu fotografischen Selbstporträts von Surrealisten wie Yves Tanguy oder Wols lässt sich eine ganze Traditionslinie von Experimenten freilegen, bei denen Künstler ihr Gesicht extremen mimischen Bedingungen ausgesetzt haben. **(Bilder 26a–c)** Doch sollte die formale Ähnlichkeit zu Selfies nicht dazu verführen, jeweils dieselben Bildintentionen zu unterstellen. Vielmehr verdient jeder Fall eine eigene Betrachtung. Künstler der Moderne wollten sich etwa als gesellschaftliche Außenseiter in Szene setzen oder durch die Darstellung extremer Affekte an das Unbewusste herankommen, also einen Akt der Selbsterkenntnis initiieren. So soll eine Serie von »Automatenfotos« (1968/69), die Arnulf Rainer, übrigens als Hommage an Franz Xaver Messerschmidt, in einem Fotoautomaten am Wiener Westbahnhof machte, das Aussehen

Bilder 27a–c: Arnulf Rainer: o. T. (Automatenportraits, ca. 1968–1970)

des Künstlers während rauschhafter, exzessiver Stimmungen dokumentieren. Nach eigener Aussage versetzte Rainer sich dafür zuerst künstlich in Erregung, konsumierte Drogen und bemühte sich dann, den Höhepunkt seiner Affektiertheit zu fixieren. Der Moment, in dem er seine Gesichtszüge nicht mehr kontrollieren konnte, verhieß ihm Einblick in die menschliche Psyche.[35] Ein größerer Gegensatz zu den Absichten, mit denen Selfies gemacht werden, ist kaum vorstellbar, die Ähnlichkeit zu verzerrten Gesichtszügen auf diesen somit rein zufällig. **(Bilder 27a–c)**

13

Vermutlich würde sich heute auch der Kunstwissenschaftler Aby Warburg für Selfies interessieren. Dass sich in ihnen extreme Formen von Mimik ausprägen, die ähnlich markante Reaktionen provozieren und sogar zu einer Veränderung des Repertoires an Gesichtsausdrücken führen, bestätigt und erweitert sein Konzept der »Pathosformeln«. Warburg prägte den Begriff im Jahr 1905 und bezeichnete damit zur Konvention gewordene Ausdrucksformen starker Emotionen. Er rekonstruierte, wie einzelne Mimiken und Gesten in der Antike verbildlicht wurden und dadurch weiter wirksam sein konnten, bei Rezipienten also, selbst über große Zeiträume hinweg, ebenfalls starke Affekte hervorzurufen sowie als gestalterische Herausforderung zu fungieren vermochten. Beispielsweise bestand die Renaissance in der Deutung Warburgs darin, dass in der Antike verbildlichte Körperausdrücke aufgegriffen und variiert – und damit umso mehr zu festen

Bilder 28a–c: Griechische Vase aus Nola (5. Jh. v. Chr.), Umkreis von Andrea Mantegna (um 1470), Albrecht Dürer (1494)

Bildmustern – wurden. Hätte es in antiken Bildwerken nicht schon eine »pathetisch gesteigerte Mimik« gegeben, so Warburgs Pointe, hätten sie auch nicht ansteckend sein können: Die Renaissance wie jeder weitere »Wiedereintritt der Antike in die moderne Kultur« wäre ausgeblieben.[36]

Mit seinem Pathosformel-Konzept bot Warburg einen Gegenentwurf zur spätestens seit Johann Joachim Winckelmann üblichen Vorstellung, vor allem die Griechen seien in ihren Bildwerken auf ›edle Einfalt‹ und ›stille Größe‹ – auf einen über jeglichen Affekt erhabenen Ausdruck – bedacht gewesen. An Motiven wie dem ›Tod des Orpheus‹ zeigte Warburg, wie eine antike Pathosformel bei Künstlern, etwa Andrea Mantegna und Albrecht Dürer, in Variationen neu wirksam sowie auf andere Sujets übertragen wurde und eine einmal bildhaft gefasste Dramatik und Expressivität, »Superlative der Gebärdensprache«, also noch zwei Jahrtausende später ihren normativen Charakter behaupteten.[37] **(Bilder 28a–c)** In Zeiten digitaler Medien ist es leichter denn je möglich, die von einer bildlich fixierten starken Emotion ausgelöste Empfindung wiederum in Form von Bildern zum Ausdruck zu bringen. Wer von einem Selfie

mit extremen Gesichtszügen affiziert wird, kann binnen Sekunden mit einem eigenen Selfie darauf reagieren oder das Bild mit einem Kommentar versehen und weiterposten. So erweist sich auch viel schneller als bisher, welche Mimik oder

Bilder 29a–c: Selfieproteste gegen unfaire Wahlkampffinanzierung (»pork barrel«) auf den Philippinen (2013)

Geste die suggestive Kraft einer Pathosformel besitzt, zumal nicht mehr nur Künstler und einige wenige bildnerisch begabte Menschen, sondern alle Besitzer von Smartphones Affekte auf Formeln bringen können. Statt zu erforschen, wie sich eine Pathosformel über Epochen hinweg entfaltet, könnte man heute im Geiste Warburgs nachverfolgen, auf welche Weise eine bestimmte Mimik kulturelle Grenzen überschreitet und schließlich globale Präsenz erlangt.

Aber auch im Kleineren lässt sich analysieren, wie animierend und prägend bestimmte Posen – gerade auf Selfies – sein können. So hat die Kunstwissenschaftlerin Kerstin Schankweiler gezeigt, dass sich Menschen mit gemeinsamen politischen Anliegen nicht zuletzt dank besonders affizierender Selfies überhaupt erst als Gemeinschaft konstituieren: Starke Mimiken, dazu prägnante Ikonografien und die Pointierung durch passende Hashtags erzeugen »eine *affective community*«. Wer sonst zu träge wäre, sich politisch zu engagieren, wird also durch eine »Affektzeugenschaft« in den Sozialen Medien emotionalisiert und dazu gebracht, sich so nachdrücklich in Szene zu setzen, dass das wiederum zur »Affizierung weiterer Personen« führt, »die unter Umständen weitere Bilder produzieren«.[38] »Selfie-Proteste« haben sich daher als relevante Spielart politischen Aktivismus' etabliert. In ihnen werden Pathosformeln zu schlagkräftigen Instrumenten. **(Bilder 29a–c)**

14

Anders als Warburg könnte man heute oft gar nicht mehr untersuchen, wie einzelne Bilder über einen längeren Zeitraum – und seien es nur ein paar Jahre – hinweg wirksam werden. Diverse Apps beziehen ihre Attraktivität für die Nutzer nämlich daraus, dass sie, was gepostet wird, nicht (oder nur per Sondereinstellung) speichern. Man hinterlässt keine dauerhaften Spuren und muss nicht damit rechnen, noch nach Jahren wegen eines Postings zu Rechenschaft gezogen zu werden. Vielmehr entspricht das schnelle Verschwinden der Inhalte ihrer situationsbezogenen Entstehung: Bilder können wie gesprochene Worte sogleich zu Schall und Rauch werden, um bestenfalls noch in der Erinnerung derer fortzuleben, die sie einmal gesehen haben. Aber selbst dort, wo Bilder sichtbar bleiben, werden sie oft nie wieder angeschaut, sondern verlieren sich in den Tiefen von Seiten mit Infinite-Scroll-Funktion. Ein aus einer Laune heraus entstandenes Selfie hat für Urheber wie Rezipienten schon nach kürzester Zeit so wenig Belang wie ein alter Einkaufszettel oder eine bereits abgehörte Nachricht auf dem Anrufbeantworter.

Aber nicht nur wegen der kurzen Halbwertszeit vieler Bildnachrichten ähneln Bildtypen wie Selfies einer mündlichen Sprechkultur. Noch maßgeblicher hierfür ist, dass sie mittlerweile ohne größere Voraussetzungen – ohne spezifische Begabung und ohne nennenswerten Zeitaufwand – herzustellen sind und sich dank diverser Apps und Filter fast beliebig modifizieren lassen. Deshalb kann man sich mit ihnen ähnlich vielseitig, spontan und geschmeidig artikulieren wie mit Sprache. Mit Bildern (und Bildzeichen wie Emojis) lassen sich Dialoge führen, Komplimente machen, andere Leute beleidigen oder politische Botschaften platzieren.

Waren die bisherigen Bildkulturen dadurch definiert, dass sich diejenigen, die Bilder produzierten, mit ziemlich großem Aufwand Traditionen und Tricks aneigneten, so hat man es in der mündlichen Bildkultur mit schnell wechselnden Konventionen, insbesondere aber mit stark milieuabhängigen Praktiken und Effekten zu tun. An die Stelle von Stilen, die sich oft wenigen herausragenden Künstlern verdankten, die damit ganze Epochen prägten, tritt eine Vielzahl von Dialekten und Soziolekten auf den Bildern, die in den Sozialen Medien zirkulieren. Und für Bildmuster, die in einer ›vermündlichten‹ Bildkommunikation unzählig oft variiert werden, passt wohl weniger der Begriff ›Pathosformel‹, der, ähnlich einer physikalischen Formel, eine zeitüberdauernde Gültigkeit und Anwendbarkeit suggeriert, als vielmehr ein Begriff wie ›Bildwendung‹. In ihm steckt – wie in der Vokabel ›Redewendung‹ – die Vorstellung, eine konventionelle Form könne je nach Anlass angepasst werden, ja sei flexibel genug, um vielfältig zum Einsatz zu gelangen. Jeder, der sich angewöhnt hat, mit Bildern zu kommunizieren, hat derartige Bildwendungen im Kopf und greift je nach Situation darauf zurück.

Da sich mit Bildern nur dank digitaler Medientechnik kommunizieren lässt, ist es nicht nur möglich, sondern geradezu notwendig, dass sich die jeweiligen Akteure an unterschiedlichen Orten befinden. Der wechselseitige Austausch von Bildern ist also eine Spielart fernmündlicher Kommunikation. Technisch bedeutet es keinen Unterschied, ob man mit jemandem telefoniert, Textnachrichten austauscht oder sich gegenseitig Bilder schickt: Alles geht entfernungsunabhängig gleichermaßen schnell.

Aber so vermündlicht der Austausch von Bildern auch stattfinden mag, gibt es doch einen folgenreichen Unterschied zu anderen Formen von Mündlichkeit. Auch er ergibt sich daraus, dass man mit Bildern nicht direkt, sondern nur mithilfe von Medientechnik kommunizieren kann. Jedes Bild ist erst einmal eine Datei und daher speicherfähig. Es muss absichtlich gelöscht werden, während gesprochene Sprache nicht fixiert ist – außer sie wird absichtlich aufgezeichnet. Bilder besitzen in den Sozialen Medien also oft eine Doppelexistenz; sie sind sowohl flüchtig-momenthaft – also ›mündlich‹ – als auch gespeichert-dauerhaft – also ›schriftlich‹. Das Changieren zwischen diesen beiden Polen dürfte künftig den Charakter der Bildkultur prägen und zu neuen Formaten und Praktiken führen. Man kann mit der Dauer oder mit dem Verschwinden kokettieren, ein Bild kann für das eine wie für das andere oder beides gleichermaßen disponiert sein – seinen Zweck also erfüllt haben, wenn es schon nach wenigen Sekunden verschwindet, es zugleich aber aushalten, lange und immer wieder betrachtet zu werden. Vor allem diejenigen, die sich als professionelle Bildproduzenten verstehen, werden durch die Realitäten einer mündlichen Bildpraxis angeregt und herausgefordert sein.

15

Dass auch Bilder, die nur für einen flüchtigen Anlass – in ausschließlich mündlicher Absicht – gepostet werden, als Datei existieren und zudem über einen Screenshot erneut fixiert werden können, liefert viel Stoff für Missverständnisse – und für alle, die Selfies ablehnen, Gelegenheit zu polemischen Vergleichen. Sie können jedes mündliche Bild aus seinem Zusammenhang auf einer Timeline oder einem Feed nehmen und auf einmal wie ein Bild behandeln, das auf Dauer angelegt ist. Sie können es einem Bild gegenüberstellen, das tatsächlich als Werk konzipiert wurde und unabhängig von einem bestimmten Anlass entstanden ist. Steht dann ein

Selfie – bevorzugt ein feixendes Gesicht mit verzerrten Zügen – erst einmal neben einem Selbstporträt aus der Kunstgeschichte, kann ein Kulturpessimist auf einfache Weise Evidenz für seine These erzeugen, dass die Kultur im Verfall begriffen sei und dass Selfies Symptome oder sogar Treiber dafür seien.

Als etwa der englische Kunstkritiker Julian Spalding 2015 auf einem Symposium über Selbstporträts und Selfies Dürers »Selbstbildnis mit dem Pelzrock« (1500), das wegen des ernsten Gesichtsausdrucks und seiner strengen Achsensymmetrie ein zeitloses Ideal des Menschen zu repräsentieren scheint, mit einem beliebigen Selfie verglich, nutzte er die Chance zu einer Abrechnung mit der Gegenwart. Süffisant merkte er an, heute könne jemand wie Dürer gar nicht mehr berühmt werden, sei dieser doch außerordentlich begabt gewesen, zudem habe er hart an seinen Fähigkeiten gearbeitet und Tiefgründiges zu sagen gehabt. Selfies hingegen, so der Umkehrschluss aus dieser Bemerkung, seien Zeugnisse unbegabter, fauler und oberflächlicher Menschen. Im Grunde wolle sie auch niemand anschauen; sie seien lediglich eine Markierung, doch könne man sich damit den jeweiligen Moment so wenig aneignen wie ein Tier den Baum, den es anpinkle.[39]

Dabei hätte Spalding gerade auch bei Dürer etwas finden können, das nicht auf Ewigkeit angelegt war, sondern eine frühe Form (fern-)mündlichen Bildgebrauchs darstellt. Auf einem nicht genau datierten Blatt, das vermutlich einem Brief beigefügt war, zeigt der Künstler sich als kranker Mann: mit nacktem Oberkörper, den Finger auf eine eigens markierte Stelle am Oberbauch gerichtet. **(Bild 30)** Begleitend dazu vermerkt Dürer, dass es ihm dort wehtue (»Do der gelb fleck ist vnd mit dem finger drawff dewt do ist mir we«). Das Blatt diente wohl der Kommunikation mit einem Arzt. Heute posten viele Leute Selfies, auf denen sie ebenfalls Wunden oder Leiden zeigen. Sie wollen ihren Followern demonstrieren, wie hart im Nehmen sie sind oder was ihnen Schlimmes zugestoßen ist; sie hoffen auf ein wenig Mitleid und Trost. **(Bilder 31a–c)**

Bild 30: Albrecht Dürer ersucht per Bild um Ferndiagnose

Gab es also auch früher schon Bilder, deren Funktion sich ähnlich wie bei Selfies darin erschöpfte, etwas möglichst anschaulich mitzuteilen, so suggerierte Spalding, man könne vollkommen unterschiedliche Bildtypen miteinander vergleichen. Damit benahm er sich jedoch wie jemand, der einen zufällig aufgeschnappten Alltagsdialog mit einem Dialog aus einem Theaterstück von Shakespeare oder Schiller vergleicht. Auch das kann man tun, doch nicht, um daraus auf einen Kulturverfall zu schließen, sondern eher, um beispielsweise die Unterschiede zwischen gesprochener und geschriebener Sprache zu analysieren. Und so wie für Theaterstücke, Gedichte und Romane die Literaturwissenschaft zuständig ist, ein Alltagsdialog hingegen in das Feld der Sprachwissenschaft gehört, sollte man sich künftig, geht es um Bilder, nicht mehr mit einer Kunstwissenschaft begnügen, sondern eine Bildwissenschaft entwickeln, die sich auf vermündlichte Bilder und ihren Gebrauch spezialisiert.

Die beliebten Vergleiche zwischen Selbstporträts und Selfies zeugen aber nicht nur von einem Ignorieren der Unterschiede zwischen mündlichen und werkhaften Bildern, ihnen liegt vielmehr auch eine Missachtung der gesellschaftspolitischen Dimension der digitalen Bildkultur zugrunde. Da diese Vergleiche mit der Absicht stattfinden, Bildtypen wie Selfies zu diskreditieren und als trivial und dilettantisch zu entlarven, wird auch die Demokratisierung geringgeschätzt, die es bedeutet, dass erstmals eine Mehrheit der Menschen Bilder produzieren und – vor allem – publizieren kann. Es ist also ein elitärer Impuls, aus dem heraus Selfies und andere in den Sozialen Medien ausgetauschte Bildwendungen abgelehnt

31a–c: Selfies mit dem Hashtag #autsch

werden: Man wünscht sich die Zeiten zurück, als nur eine kleine begabte und privilegierte Minderheit Bilder machen und veröffentlichen konnte und als es Bilder allein in fixierter

Weise, mit dem Anspruch auf Dauer gab. Das aber ist so, als würde ein Enthusiast hoher Literatur den meisten Menschen das Sprechen verbieten wollen, weil sie doch nur banale und oberflächliche Dinge sagen – und das oft auch noch grammatikalisch inkorrekt und in schlechter Aussprache.

Im Gegenzug zu solchen reaktionär-undemokratischen Polemiken sollte man umso lebhafter herausstellen, was es bedeutet, dass sich eine vollkommen neue, mündliche Bildkultur entwickelt und der aktive Umgang mit Bildern zu einer ebenso grundlegenden Kulturtechnik avanciert wie das Beherrschen einer Sprache. Mit derselben Sorgfalt, mit der man einem Kind das Sprechen – und später das Lesen und Schreiben – beibringt, wird man künftig auch seine bildpraktischen Fertigkeiten schulen. Im Begriff ›digital native‹ steckt bereits die Botschaft, das Vermögen zum Umgang mit den Formaten der Sozialen Medien als angeboren zu begreifen: als etwas, das sich durch frühe, gezielte und professionelle Förderung fast beliebig und wie eine Muttersprache entwickeln lässt.

Ihr Buch *Selfies* beginnt die estnische Medienwissenschaftlerin Katrin Tiidenberg damit, dass sie von einem Gespräch über Selfies berichtet, das sie mit ihrem achtjährigen Sohn führte. Sie wundert sich, wie differenziert er, obwohl noch kaum über eigene Erfahrung verfügend, Selfie-Praktiken wahrnimmt und wie gut er die Zusammenhänge durchschaut, wann oder warum Menschen Selfies machen. Seine Antworten auf ihre Fragen unterscheiden sich kaum von den Aussagen, die sie nach siebenjähriger Forschungsarbeit treffen kann. So bleibt ihr nichts anderes, als mit aufgerissenen Augen und offenem Mund (»with wide eyes and open mouth«) zu staunen, mit welcher Selbstverständlichkeit die nächste Generation bereits auf die neuen Kulturtechniken eingestellt ist.[40]

16

Ist eine mündliche Bildkultur wirklich etwas Neues? Genau genommen ist nur die Existenz von technisch generierten Bildwendungen neu, die in Medien zirkulieren. Denn Menschen haben sich, unabhängig von Selfies, schon immer zu Bildern gemacht oder wurden als Bilder wahrgenommen: als Wesen mit Gesicht und Gesichtsausdruck, mit Mimik und Gestik. »Unsere Gesichter erwachen sofort zu Bildern, wenn wir blicken und sprechen« – so formuliert es Hans Belting.[41] Sich mit jemandem auszutauschen hieß also noch nie, nur miteinander zu sprechen. Die Veränderungen in den Gesichtszügen und im gesamten Ausdruck sind vielmehr genauso mündlich (und genauso bedeutsam) wie die Worte, die jemand spricht. Eine Mimik, die in einem Moment präsent ist, ist schon im nächsten unwiederbringlich vorbei. Was gerade auch wegen dieser Mündlichkeit als Körpersprache bezeichnet wird und zu jeder Artikulation gehört, kann auch als Abfolge bewegter Bilder beschrieben werden, die ähnlich viel zur Gesamtheit einer Kommunikation beiträgt wie die Sprache. Deshalb kann es auch provozieren, dass in einigen islamisch geprägten Ländern Frauen öffentlich ihr Gesicht nicht zeigen dürfen, lässt sich das doch als eine Art Zensur interpretieren: Wie man jemanden durch ein Sprechverbot mundtot macht, wird hier durch die Verschleierung von Gesicht und Körper ein wichtiger Teil der Mündlichkeit verboten; die Betroffenen werden bildtot gemacht. Selfies mit Filtern sind ihre erste und einzige Möglichkeit, dieses Verbot ein wenig aufzuweichen.

Als natürlicher mündlicher Bildausdruck sind Mimik und Gestik die Grundlage und Referenz für jegliche mediale Bildkommunikation. Damit aber besitzen Selfies – im weiteren Sinne: alle Körperbilder – innerhalb der Sozialen Medien eine herausgehobene Stellung, setzen sie doch die natürliche Bildsprache unter technischen Bedingungen fort. In Selfies manifestiert sich der Wunsch der Menschen, auch über die reale Begegnung hinaus so umfassend wie möglich mit anderen zu kommunizieren. Anfangs waren sie oft noch ein Ersatz dafür, dass man nicht live miteinander sprechen und sich zugleich sehen konnte. Doch auch wenn es mittlerweile immer mehr zum Standard wird, sich in den Sozialen Medien in Form von Live-Videos auszutauschen, bedeutet das nicht, dass Selfies an Stellenwert einbüßen. Immerhin besteht die Chance, mit Filtern, Stickern sowie weiteren Elementen und Effekten das jeweilige Live-Bild in Echtzeit so zu verändern, dass die Ausdrucksqualitäten, die mit Mimik und Gestik zu erreichen sind, noch gesteigert werden. Der Ausdruck lässt sich pointieren, semantisch verdichten oder anreichern, vielleicht sogar paradox brechen. In jedem Fall verwandelt er sich in ein komplettes Artefakt.

Es wird künftig nicht nur viel mehr Selfie-Videos als Selfie-Fotos geben, sondern vor allem dürften sich die Möglichkeiten, das Gesicht als Maske in Szene zu setzen, noch vermehren und erweitern. Zu erwarten ist eine insgesamt expressivere Gesichtskultur, für die die natürliche Mimik nur noch Ausgangspunkt – gleichsam Inspiration – für diverse Formen ambitionierten digitalen Gesichtsdesigns ist. Man wird die eigene Mimik und Gestik mit Vorbildern aus der Kunstgeschichte, der Pop- und Celebrity-Kultur, der Welt der Comics und Animes kurzschließen und so jeweils anders semantisch codieren, ausschmücken und dramatisieren. Und sobald Gesichtserkennungstechniken perfektioniert sein werden, kann man Mimik-Verstärker und die Transformationen des Ausdrucks automatisiert einsetzen. Die natürliche Mimik und Gestik werden dann zunehmend in Spielarten der digitalen Bilderzeugung – in ›augmented reality‹ – ausgelagert.

Schließlich erscheint es als denkbar und möglich, dass die diversen Formen einer digital angereicherten Körpersprache, mit der sich Menschen in den Sozialen Medien begegnen, dazu führen werden, dass der Blick in ein bloßes Gesicht, jenseits aller Medien und Mimik-Verstärkung, als befremdlich wahrgenommen wird. Vielleicht wird man seine Natürlichkeit bewundern, vielleicht es aber auch als nackt empfinden – und entsprechend mit Scham besetzen. Daher könnte es üblich werden, sich generell – auch jenseits der Sozialen Medien – nicht mehr ohne Maskierung und Verkleidung öffentlich zu zeigen. Analog etwa zu den Perücken früherer Jahrhunderte könnte man, angeregt von digitalen Dekors, das natürliche Erscheinungsbild aufwerten, das zudem durch Tattoos, Piercings und andere dauerhaftere Zusätze überformt ist. Sich ganz natürlich gegenüber anderen zu präsentieren hieße dagegen, sich eine Blöße zu geben.

Doch selbst ohne Maskerade wird die Mimik infolge der expressiveren Gesichtskultur anders sein als bisher. Sie dürfte sich aufgrund der fortwährenden Konkurrenz gegenüber digitalem Gesichts-Tuning ihrerseits bis an die Grenzen des physiologisch Möglichen intensivieren – wenn man nicht sogar mit mikrochirurgischen oder anderen medizinischen Eingriffen dafür sorgt, dass die Gesichtsmuskeln mehr können als von Natur aus. Dann wird jedes Lächeln, jeder Unmut, jedes Staunen markant und präzise zum Ausdruck gebracht; es wird Diskurse über die Professionalisierung der Mimik geben. Und soweit die Menschen besser denn je gelernt haben, sich fortwährend zu Bildern zu machen, werden sie nicht nur ihre jeweiligen Empfindungen und Stimmungen, sondern vielleicht auch ihre Haltungen und Werte allein mit mimischen Mitteln zum Ausdruck bringen. Neben Kleidungs-Codes gibt es dann mimische Konventionen für bestimmte politisch-weltanschauliche Einstellungen. Nie zuvor wird so viel Kultur in jedem einzelnen Gesichtsausdruck gewesen sein.

17

Die Aussage, dass auch Mimik und Gestik Artefakte sind und sich historisch wandeln wie Stile, wird eine Plattitüde sein. Entsprechend wird man genauer darauf achten, wann, wo und wie sich einzelne Gesichtsausdrücke geändert haben, in welchen Fällen es sich um regionale oder milieuspezifische Ausprägungen handelt, wann hingegen um globale Verschiebungen. Man wird vielleicht sogar versuchen, individuelle Urheber einer Mimik oder Geste ausfindig zu machen, um sie in einer Geschichte der Körpersprache – die es dann selbstverständlich geben wird – eigens zu würdigen und gar wie Künstler, wichtige Gründungsfiguren oder wie Dichter und Übersetzer zu feiern, denen eine Wortschöpfung gelungen ist.

Aber man wird auch einen Blick für Menschen entwickeln, die überdurchschnittlich begabt darin sind, sich bildhaft darzustellen – sei es auf einem Selfie oder in der direkten Begegnung. Sie werden als Nachfolger von Pantomime-Künstlern gelten, dabei aber, zumal sie auf Sprache als Ausdrucksmittel nicht verzichten müssen, weniger künstlich wirken. Während bisher vor allem Menschen mit viel Sprachgefühl und verbaler Intelligenz Vorteile hatten, werden bildmächtige Personen künftig ähnlich viele Chancen auf sozialen Erfolg und Anerkennung haben.

Gab es Zeiten, in denen Künstlern zugetraut wurde, mit ihren Werken auf das Aussehen der nächsten Generationen einzuwirken, da sie Schönheitsideale definierten und so die Fortpflanzungschancen einzelner äußerer Merkmale beeinflussten, so wird man künftig weniger die Physiognomie als die Mimik und Gestik als eine künstlerische Schöpfung ansehen. Die Entwickler von Apps, mit denen Selfies bearbeitet werden, die Gestalter von Emojis oder Menschen, die mit einer besonderen Geste oder einem überraschenden Gesichtsausdruck viral gehen, dürfen dann den Anspruch erheben, eine neue Pathosformel oder Bildwendung geschaffen und das Gebärdenverhalten der Menschen verändert zu haben.

Doch sosehr es sich bei einzelnen Mimiken oder Gesten um Artefakte mit benennbaren Urhebern handeln mag, so wenig werden sie doch als Werke angesehen werden. Vielmehr emanzipieren sie sich in dem Maße, in dem sie sich verbreiten und durchsetzen, von ihren Urhebern. Sie werden zu Gemeingut, die Urheber haben keine Rechte darauf. Eine neue Mimik lässt sich so wenig wie eine neue Redewendung patentieren oder unter Urheberschutz stellen.

Ohnehin dürfte ein herkömmlicher Werkbegriff in den Sozialen Medien keine Zukunft haben. Da sie eine neue Kultur der Mündlichkeit etablieren, geht es nicht darum, etwas von Anlässen und Adressaten Unabhängiges zu tun oder auf Dauerhaftigkeit zu spekulieren, sondern darum, schlagfertig und gewitzt zu sein und andere mit gewandtem Rollenspiel zu unterhalten. Gestalterische Fähigkeiten werden vornehmlich dazu eingesetzt, den eigenen Ausdruck zu perfektionieren, andere zu affizieren und zu animieren, auf vielen Ebenen der Kommunikation – mit Gesten ebenso wie mit Worten – lebendig zu wirken und die jeweils neuesten Apps geschickt einzusetzen. Noch sind die Sozialen Medien ganz in ihren Anfängen, und gerade in der ersten Zeit werden sie noch große Veränderungen erfahren. Doch dürfte man im Nachhinein vermutlich anerkennen, dass in den Praktiken, die sich für Selfies innerhalb weniger Jahre entwickelt haben, bereits vieles von dem angelegt war und erstmals sichtbar wurde, was schon bald grundsätzlich das soziale Leben der Menschen prägen sollte. Als Millionen über Millionen weltweit damit anfingen, sich selbst zum Bild zu machen, begann nicht weniger als eine neue Phase der Kulturgeschichte.

Anmerkungen

1 Will Storr: *Selfie. How we became so self-obsessed and what It's doing to us*, London 2018.

2 http://www.faz.net/aktuell/gesellschaft/menschen/studie-selfie-sucht-entlarvt-narzissten-13360922.html.

3 Vgl. Piotr Sorokowski et al.: »Selfie posting behaviors are associated with narcissism among men«, in: Personality and Individual Differences 85 (2015), S. 123–127.

4 Vgl. Eric B. Weiser: »#Me: Narcissism and its facets as predictors of selfie-posting frequency«, in: Personality and Individual Differences 86 (2015), S. 477–481.

5 Vgl. Daniel Halpern et al.: »'Selfie-ists' or 'Narci-selfiers'?: A cross-lagged panel analysis of selfie taking and narcissism«, in: Personality and Individual Differences 97 (2016), S. 98–101.

6 Vgl. z.B. Harry Eyres: »The Unselfknowing Self«, in: Roger Scruton (Hg.): *Self Expression in the Age of Instant Communication*, Venedig 2015, S. 16–23. – Elsa Godart: *Je selfie donc je suis. Lés metamorphoses du moi à l'ère du virtuel*, Paris 2016, S. 74ff. – Ilan Stavans: *I Love My Selfie, Durham 2017*, S. 14f. – Marion Zilio: *Faceworld. Le visage au XXIe siècle*, Paris 2018, S. 90ff. – Eine sehr gute und kritische Auseinandersetzung mit dem Narzissmus-Topos liefert Michael Bauer: »#selfie #Narzissmus #ethische_Debatte?_Argumente«, in: Tanja Gojny/Kathrin S. Kürzinger/Susanne Schwarz (Hgg.): *Selfie – I like it. Anthropologische und ethische Implikationen digitaler Selbstinszenierung*, Stuttgart 2016, S. 73–101.

7 https://www.bild.de/news/ausland/selfie/maedchen-china-zug-erfasst-beim-selfie-tot-45324212.bild.html.

8 https://www.tag24.de/nachrichten/london-sie-wollte-selfies-schiessen-und-verunglueckte-dabei-toedlich-fotos-sturz-fenster-tot-381840.

9 https://www.bild.de/news/ausland/selfie/toedliche-gefahr-durch-selfies-opfer-48834628.bild.html.

10 Vgl. https://en.wikipedia.org/wiki/List_of_selfie-related_injuries_and_deaths.

11 Teresa Tomeo: *Beyond Me, My Selfie and I. Finding Real Happiness in a Self-Absorbed World*, Cincinnati 2016.

12 Katharina Lobinger/Cornelia Brantner: »In the Eye of the Beholder: Subjective Views on the Authenticity of Selfies«, in: International Journal of Communication 9 (2015), S. 1848–1860, hier S. 1853f.

13 Vgl. http://www.wolframhahn.de/projects/into-the-light/.

14 Hans Belting: *Faces. Eine Geschichte des Gesichts*, München 2013, S. 35, 64.

15 Helmuth Plessner: »Zur Anthropologie des Schauspielers« (1948), in: Ders.: Ausdruck und menschliche Natur. Gesammelte Schriften VII, Frankfurt am Main 2003, S. 399–418, hier S. 414.

16 Ebd., S. 407.

17 Ebd., S. 408, 416.

18 Vgl. Piotr Sorokowski et al.: »Sex differences in online selfie posting behaviors predict histrionic personality scores among men but not women«, in: Computers in Human Behavior 59 (2016), S. 368–373.

19 Vgl. https://twitter.com/TheEllenShow/status/440322224407314432/photo/1.

20 Helmuth Plessner, a.a.O. (Anm. 15), S. 411.

21 Hans Belting, a.a.O. (Anm. 14), S. 43.

22 Richard Sennett: *Verfall und Ende des öffentlichen Lebens. Die Tyrannei der Intimität* (1974), Frankfurt am Main 1986, S. 143f.

23 Ebd., S. 58, 18.

24 Ebd., S. 93f.

25 Ebd., S. 99.

26 Jenny Judge: »Rembrandt's lessons for the selfie era: why we must learn to look again«, in: The Guardian, 16. Oktober 2014, auf: https://www.theguardian.com/technology/2014/oct/16/rembrandt-selfie-era-self-portrait.

27 Richard Sennett, a.a.O. (Anm. 22), S. 49.

28 Brian Droitcour: »Selfies and Selfiehood« (2013), auf: https://culturetwo.wordpress.com/2013/04/26/selfies-and-selfiehood/.

29 Vgl. Wolfgang Ullrich: *Bilder auf Weltreise. Eine Globalisierungskritik*, Berlin 2006.

30 Vgl. dazu in dieser Reihe: Joachim Bessing: *Emojis*, Berlin 2019 (in Vorbereitung).

31 Vgl. http://www.get-emoji.com/face-with-stuck-out-tongue-winking-eye/.

32 Thomas Kirchner: »Franz Xaver Messerschmidt und die Konstruktion des Ausdrucks«, in: *Die phantastischen Köpfe des Franz Xaver Messerschmidt*, hg. v. Maraike Bückling, Ausst.-Kat. Liebieghaus Skulpturensammlung, Frankfurt 2006, S. 266–281, hier S. 272.

33 Vgl. Maria Pötzl-Malikova: *Franz Xaver Messerschmidt 1736–1783*, Weitra 2015, S. 139–182.

34 Vgl. Ulrich Pfarr: »Experimente eines Bildhauers. Die Köpfe Franz Xaver Messerschmidts«, in: Heidi Eisenhut/Anett Lütteken/Carsten Zelle (Hgg.): *Heilkunst und schöne Künste*, Göttingen 2011, S. 182–199, hier S. 185f.

35 Arnulf Rainer: *Self-Portraits*, Wien 1986, o.S.

36 Aby Warburg: »Dürer und die italienische Antike«, in: *Verhandlungen der 48. Versammlung deutscher Philologen und Schulmänner in Hamburg vom 3. bis 6. Oktober 1905*, Leipzig 1906, S. 55–60, hier S. 55, auf: http://archiv.ub.uni-heidelberg.de/artdok/volltexte/2011/1630.

37 Ebd., S. 60.

38 Kerstin Schankweiler: *Selfie-Proteste. Affektzeugenschaften und Bildökonomien in den Social Media* (2016), S. 8, 14, auf: https://refubium.fu-berlin.de/bitstream/handle/fub188/18775/Schankweiler_SelfieProteste_workingpaper.pdf.

39 Julian Spalding: »The Light in Dürer's Eyes«, in: Roger Scruton, a.a.O. (Anm. 6), S. 10–13, hier S. 10.

40 Katrin Tiidenberg: *Selfies. Why We Love (and Hate) Them*, Bingley 2018, S. 1.

41 Hans Belting, a.a.O. (Anm. 14), S. 26.

Bildnachweis

Frontispiz: © Renke Brandt

1a	https://www.instagram.com/p/BiaBM8Rn7Cn/
1b	https://www.instagram.com/p/BpZGMq9D1Wc/
1c	https://www.instagram.com/p/BslW-C2gLvu/
1d	https://www.instagram.com/p/BmiGx7MHY8E/
2a	https://www.instagram.com/p/BTnvG7nDmlb/
2b	https://www.instagram.com/p/BSmJJhqDd-a/
3a	https://www.instagram.com/p/BlyTGuWAMlD/
3b	https://www.instagram.com/p/BlhlNb3hygB/
3c	https://www.instagram.com/p/BlVdG8mDmi2/
3d	https://www.instagram.com/p/Bi4yDd9Bcet/
4a	https://www.youtube.com/watch?v=Rw3vBPx96bU
4b	https://www.8ung.info/6986/stummfilm-die-puppe-von-ernst-lubitsch-mit-livemusik
5	https://twitter.com/theellenshow/status/440322224407314432
6a	https://www.instagram.com/p/BmJB5BiAxC2/
6b	https://www.instagram.com/p/BM-UStlBwYW/
6c	https://www.instagram.com/p/BfmMm2RnVSF/
6d	https://www.instagram.com/p/BtGDuNuAEAL/
7	https://www.youtube.com/watch?v=zYg_UaGclW4
8a	https://commons.wikimedia.org/wiki/File:3304_-_Athens_-_Stoà_of_Attalus_Museum_-_Theatre_mask_-_Photo_by_Giovanni_Dall%27Orto,_Nov_9_2009.jpg
8b	http://www.museivaticani.va/content/museivaticani/de/eventi-e-novita/iniziative/Eventi/2017/el-mito-de-roma-coleccion-museos-vaticanos-chile.html#&gid=1&pid=10
9a	https://www.instagram.com/p/BmRNFollm3q/

9b	https://www.instagram.com/p/BsG7BedH_U9/
9c	https://www.instagram.com/p/Bs-4OoNAMHk/
9d	https://www.instagram.com/p/BskwvF7FOGI/
10, 11a–c	http://www.sothebys.com/en/auctions/ecatalogue/2016/master-paintings-sculpture-day-sale-n09461/lot.540.html
12a	https://www.instagram.com/p/BmwYXdIHVGu/
12b	https://www.instagram.com/p/BmS-EoyAjc2/
13a	https://www.instagram.com/p/BZgmoQsnsjA/
13b	https://www.instagram.com/p/BKQu1wsjRvq/
14a	https://www.instagram.com/p/BkdB6xoFb6B/
14b	https://www.instagram.com/p/Bj1lUfphIoJ/
14c	https://www.instagram.com/p/Bl5ZA7lgu9S/
15a	https://www.instagram.com/p/BmSZWOgA8Fb/
15b	https://www.instagram.com/p/BknxvvKAoLw/
15c	https://www.instagram.com/p/Bjy96p6H_lI/
15d	https://www.instagram.com/p/BmpVg1ngFaV/
16a/b	https://www.youtube.com/watch?v=rX1b2UCWohg
17	Aufnahme des Autors
18	https://www.instagram.com/p/BsF8oA9nDCm/
19	https://www.instagram.com/p/BmpAlaeHTmf/
20a	https://www.instagram.com/p/BjPpM1Alr_f/
20b	https://www.instagram.com/p/BjKQFpWF_a8/
21	https://www.instagram.com/p/BXRDTxUlryn/
22a–c	https://mashable.com/2017/02/11/mechanism-of-human-facial-expression/?europe=true#uJ.rfTtOWSqt
23	https://www.instagram.com/p/BhBzZU2l3w2/
24a	https://www.instagram.com/p/BfV6rUNHNJF/
24b	https://www.instagram.com/p/BhEolH-F2Lh/

25 https://www.facebook.com/stiftungmuseumkunstpalast/photos/a/ https://www.facebook.com/stiftungmuseum-kunstpalast/photos/a.174901235897938.58349.166260113428717/1641137685940945 /?type=3&theater

26a https://artblart.files.wordpress.com/2012/05/4_yves_tan-guy-web.jpg

26b https://arthistoryproject.com/artists/gustave-courbet/the-desperate-man/

26c https://artblart.com/tag/yves-tanguy/© VG Bild-Kunst, Bonn 2021

27 © Arnulf Rainer, Courtesy Galerie m Bochum https://www.m-bochum.de/presentation/dwnld/37/Susanne%20Regener.pdf

28a http://www.perseus.tufts.edu/hopper/image?im-g=1990.01.1131&redirect=true

28b https://www.hamburger-kunsthalle.de/sammlung-online/meister-der-e-serie-der-sogenannten-tarockkar-ten-des-mantegna-meister-von-ferrara

28c http://www.zeno.org/Kunstwerke/B/Dürer,+Albrecht%3A+-Tod+des+Orpheus

29a https://www.instagram.com/p/dYhKYJNQ82/

29b https://www.instagram.com/p/dZYCFmCl-o/

29c https://www.instagram.com/p/dcrURcs-9X/

30 https://d-nb.info/112344711X/34

31a https://www.instagram.com/p/Bj24bBDhaJH/

31b https://www.instagram.com/p/BtEo_EuHJnf/

31c https://www.instagram.com/p/BjkyTpbjo

Alle angegebenen Links wurden am 3. Januar 2019 abgerufen.

Wolfgang Ullrich, geboren 1967, studierte Philosophie, Kunstgeschichte, Logik/Wissenschaftstheorie und Germanistik in München. Von 2006 bis 2015 war er Professor für Kunstwissenschaft und Medientheorie an der Staatlichen Hochschule für Gestaltung Karlsruhe. Seither ist er freiberuflich tätig und lebt als Autor und Kulturwissenschaftler in Leipzig.

Mehr von/über Wolfgang Ullrich unter www.ideenfreiheit.de.

Wolfgang Ullrich bei Wagenbach

Siegerkunst

Neuer Adel, teure Lust

Kunst als Statussymbol der Reichen, Erfolgreichen und Mächtigen: Wolfgang Ullrich beschreibt, wie rückwärtsgewandt sich der Kunstbetrieb derzeit entwickelt. Der freie Künstler ist nicht mehr frei, sondern bedient die Bedürfnisse weniger Sammler nach Exklusivität, Luxus und Repräsentation.

Klappenbroschur. 160 Seiten

Wahre Meisterwerte

Stilkritik einer neuen Bekenntniskultur

Wie ist es dazu gekommen, dass wir unablässig von Werten reden? Werte zu beschwören und danach zu handeln gibt das wohlige Gefühl, etwas Gutes zu tun. Doch reicht das aus? In seinem neuen Buch argumentiert Wolfgang Ullrich gesellschaftskritisch, und er scheut sich auch diesmal nicht, zu provozieren.

Klappenbroschur. 160 Seiten. Mit vielen Abbildungen

Alles nur Konsum

Kritik der warenästhetischen Erziehung

Selbst alltägliche Konsumprodukte müssen heutzutage höchsten ästhetischen Ansprüchen genügen und werden oft ähnlich aufwendig inszeniert wie Werke der Hochkultur. Wolfgang Ullrich wagt den Spagat zwischen beiden Welten und fragt, ob wir nicht alle längst dem Doping durch Konsum erliegen.

WAT 699. Broschur. 208 Seiten

Wolfgang Ullrich bei Wagenbach

Bilder auf Weltreise

Eine Globalisierungskritik

Wie werden Bilder bei uns verstanden, und wie in der Fremde? Welche Macht üben sie aus und welche Folgen hat das für die Bilder?

KKB. Gebunden. 144 Seiten. Mit vielen Abbildungen

Tiefer hängen

Über den Umgang mit der Kunst

Noch heute ist unser Kunstbegriff höfisch geprägt; indem Ullrich seinen unorthodoxen Blick auf den Kunstbetrieb wirft, gelingt es ihm, wie in seinem bereits in drei Auflagen vorliegenden Buch »Mit dem Rücken zur Kunst«, unsere gängigen Vorstellungen gehörig zu unterwandern.

WAT 479. Broschur. 192 Seiten

Des Geistes Gegenwart

Eine Wissenschaftspoetik

Während sich Wolfgang Ullrich zuletzt vor allem kritisch mit zeitgenössischer Kunst und ihrer Vermarktung auseinandergesetzt hat, denkt er in seinem neuen Buch über die Rolle der Geisteswissenschaften nach und stellt liebgewordene Überzeugungen auf den Prüfstand – wie immer ideenreich, provozierend, streitlustig.

WAT 729. Broschur. 160 Seiten

Wolfgang Ullrich bei Wagenbach

Mit dem Rücken zur Kunst

Die neuen Statussymbole der Macht

Wolfgang Ullrich untersucht die merkwürdigen Folgen und Nebenwirkungen eines allzu hohen Kunstbegriffs.

KKB. Gebunden. 128 Seiten. Mit teilweise farbigen Abbildungen

Die Geschichte der Unschärfe

Warum sind Bilder populär, auf denen kaum etwas zu erkennen ist? Der Kulturwissenschaftler Wolfgang Ullrich geht in seinem hochinteressanten Buch zurück bis ins 19. Jahrhundert, wo die Unschärfe als Stilmittel erstmals auftaucht.

WAT 626. Broschur. 192 Seiten

Uta von Naumburg

Eine deutsche Ikone

Gräfin, Heilige, Madonna, First Lady des Dritten Reichs: Die erstaunliche Karriere einer Sandsteinstatue des Naumburger Doms.

WAT 523. Broschur. 192 Seiten

Gesucht: Kunst!

Das Phantombild eines Jokers

Moderne Kunst findet großen Zuspruch. Doch was steckt hinter der Begeisterung ihrer Betrachter und Käufer, was löst sie aus? Unerschrocken beharrt Wolfgang Ullrich auf dieser Frage.

WAT 577. Broschur. 304 Seiten

DIGITALE BILDKULTUREN

Alle Bände: Broschur. 80 Seiten mit Abbildungen
auch als E-Book erhältlich

Annekathrin Kohout **NETZFEMINISMUS**

Kerstin Schankweiler **BILDPROTESTE**

Paul Frosh **SCREENSHOTS**

Diana Weis **MODEBILDER**

Daniel Hornuff **HASSBILDER**

Tilman Baumgärtel **GIFS**

Dirk von Gehlen **MEME**

Jörg Scheller **BODY-BILDER**

Roland Meyer **GESICHTSERKENNUNG**

Gala Rebane **EMOJIS**

Kolja Reichert **KRYPTO-KUNST**

Wir danken für die freundliche Unterstützung der Hubert Burda Stiftung.

MIX
Papier aus verantwortungsvollen Quellen
FSC® C014889
FSC www.fsc.org

3. Auflage 2021

Umschlaggestaltung: Studio Jung, Berlin. Gesetzt aus der Milo OT. Gedruckt auf Schleipen bei Pustet, Regensburg.
Printed in Germany.

ISBN 978 3 8031 3683 1